獨秀文存·论文（上）

陈独秀◎著

首都经济贸易大学出版社
Capital University of Economics and Business Press
·北京·

图书在版编目（CIP）数据

独秀文存．论文．上／陈独秀著．--北京：首都经济贸易大学出版社，2018.1

ISBN 978－7－5638－2687－2

Ⅰ．①独…　Ⅱ．①陈…　Ⅲ．①陈独秀（1879－1942）—文集　Ⅳ．①D2－0

中国版本图书馆 CIP 数据核字（2017）第 200905 号

独秀文存·论文（上）
陈独秀　著
Duxiu Wencun Lunwen（Shang）

责任编辑　孟岩岭
封面设计　 砚祥志远·激光照排 TEL：010-65976003
出版发行　首都经济贸易大学出版社
地　　址　北京市朝阳区红庙（邮编 100026）
电　　话　（010）65976483　65065761　65071505（传真）
网　　址　http://www.sjmcb.com
E－mail　publish@cueb.edu.cn
经　　销　全国新华书店
照　　排　北京砚祥志远激光照排技术有限公司
印　　刷　唐山玺诚印务有限公司
开　　本　710 毫米×1000 毫米　1/16
字　　数　238 千字
印　　张　13.5
版　　次　2018 年 1 月第 1 版　2023 年 3 月第 1 版第 3 次印刷
书　　号　ISBN 978－7－5638－2687－2/D·184
　　　　　ISBN 978－7－5638－2684－1（全四册）
定　　价　76.00 元

四
獨秀文存
三
獨秀文存
二
獨秀文存
一
獨秀文存

二十五年前、我在上海警鐘報社服務的時候、知道陳仲甫君。那時候、我們所做的、都是表面普及常識、暗中鼓吹革命的工作。我所最不能忘的、是陳君在蕪湖、与同志數人合辦一種白話報、他人逐漸的因不耐苦而脫離了、陳君獨力支持了幾个月。我很佩服他的毅力与責任心。後來陳君往日本、我往歐洲、多年不相聞問。直到民國六年、我任北京大學校長、与湯君尔和商及文科學長人選、湯君推陳獨秀、說獨秀即仲甫、並以新青年十餘本示我。我問明陳君住址、就到前门外某旅館訪他，他答應相助。陳君任北大文科學長後，与沈尹默、錢玄同、劉半農、周啓民諸君甚相得，後來又聘到已在新青年發表過文學革命通訊的胡適之君，益復興高彩烈，漸漸兒引起新文化的運動來。

後來陳君離了北京，我們兩人見面的機會就很少；我記得的共有十五年冬季在亞東圖書館与今年在看守所的兩次。他所作的文，我也很難得讀到了。

這部文存，所存的都是陳君在新青年上發表過

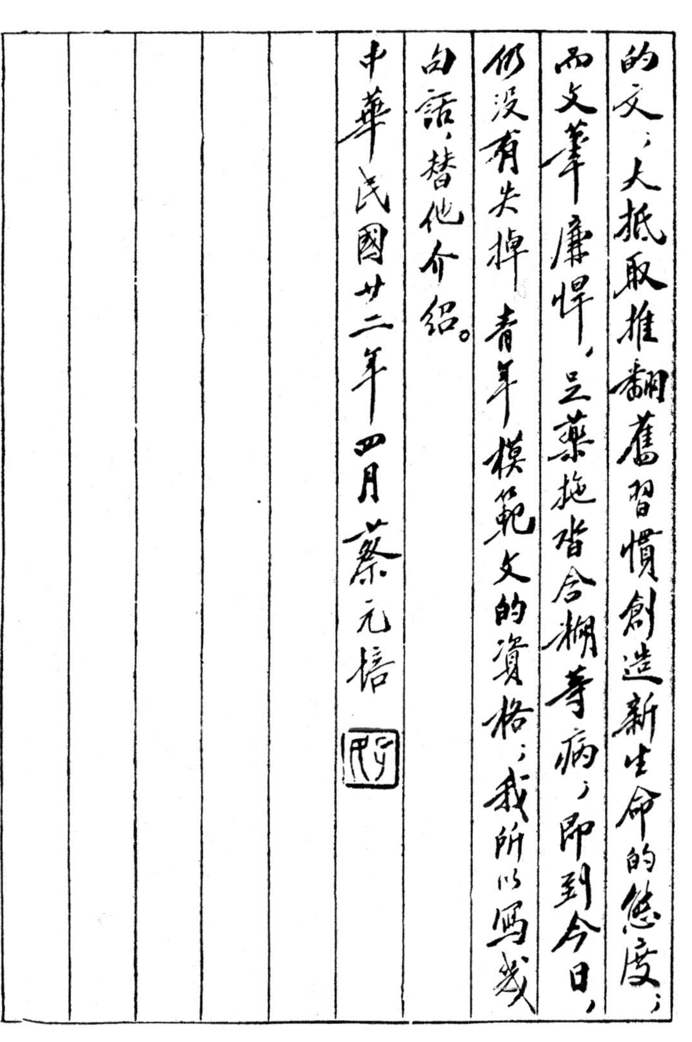

的文；大抵取推翻舊習慣創造新生命的態度；而文筆廉悍，足藥拖沓含糊等病；即到今日，仍沒有失掉青年模範文的資格；我所以寫幾句話，替他介紹。

中華民國廿二年四月 蔡元培

序

二十五年前，我在上海《警钟报》社服务的时候，知道陈仲甫君。那时候我们所做的，都是表面普及常识，暗中鼓吹革命的工作。我所最不能忘的，是陈君在芜湖，与同志数人合办一种白话报，他人逐渐的[①]因不耐苦而脱离了，陈君独立支持了几个月；我狠[②]佩服他的毅力与责任心。

后来陈君往日本，我往欧洲，多年不相闻问。直到民国六年，我任北京大学校长，与汤君尔和商及文科学长人选，汤君推陈独秀，说独秀即仲甫，并以《新青年》十余本示我。我问明陈君住址，就到前门外某旅馆访他，他答应相助。陈君任北大文科学长后，与沈尹默、钱玄同、刘半农、周启民诸君甚相得，后来又聘到在《新青年》发表过文学革命通讯的胡适之君，益复兴高彩烈[③]，渐渐儿引起新文化的运动来。

后来陈君离了北京，我们两人见面的机会就狠少；我记得的就止有十五年冬季在亚东图书馆与今年在看守所的两次。他所作的文，我也狠难得读到了。

这部《文存》所存的，都是陈君在《新青年》上发表过的文，大抵取推翻旧习惯、创造新生命的态度，而文章廉悍，足药拖沓、含糊等病；即到今日，仍没有失掉青年模范的资格。我所以写几句话，替他介绍。

中华民国廿二年四月　蔡元培

① 当时用法，今作“地”。

② 旧同“很”。本篇下文同。

③ 今作“兴高采烈”。

自　序

亚东主人将我近几年来所做的文章印行了。我这几十篇文章，原没有什么文学的价值，也没有古人所谓著书传世的价值。但是如今出版界的意思，只要于读者有点益处，有印行的价值便印行，不一定要是传世的作品；著书人的意思，只要有点心得或有点意见贡献于现社会，便可以印行；至于著书传世藏之名山以待后人这种昏乱思想，渐渐变成过去的笑话了。我这几十篇文章，不但不是文学的作品，而且没有什么有系统的论证，不过直述我的种种直觉罢了；但都是我的直觉，把我自己心里要说的话痛痛快快的[①]说将出来，不曾剿袭[②]人家的说话，也没有无病而呻的说话，在这一点，或者有出版的价值。在这几十篇文章中，有许多不同的论旨，就此可以看出文学是社会思想变迁底[③]产物，在这一点，也或者有出版的价值。既有出版的价值，便应该出版，便不必说什么“徒灾梨枣”等客套话。

一九二二年八月，独秀自序于上海

---

① 当时用法，今作“地”。

② 同“抄袭”。

③ 旧同“的”。

敬告青年

窃以少年老成，中国称人之语也；年长而勿衰（keep young while growing old），英美人相勖之辞也。此亦东西民族涉想不同现象趋异之一端欤？青年如初春，如朝日，如百卉之萌动，如利刃之新发于硎，人生最可宝贵之时期也。青年之于社会，犹新鲜活泼细胞之在人身。新陈代谢，陈腐朽败者无时不在天然淘汰之途，与新鲜活泼者以空间之位置及时间之生命。人身遵新陈代谢之道则健康，陈腐朽败之细胞充塞人身则人身死；社会遵新陈代谢之道则隆盛，陈腐朽败之分子充塞社会则社会亡。

准斯以谈，吾国之社会，其隆盛耶？抑将亡耶？非予之所忍言者。彼陈腐朽败之分子，一听其天然之淘汰，雅不愿以如流之岁月，与之说短道长，希冀其脱胎换骨也。予所欲涕泣陈词者，惟属望于新鲜活泼之青年，有以自觉而奋斗耳！

自觉者何？自觉其新鲜活泼之价值与责任，而自视不可卑也。奋斗者何？奋其智能，力排陈腐朽败者以去，视之若仇敌、若洪水猛兽，而不可与为邻，而不为其菌毒所传染也。

呜呼！吾国之青年，其果能语于此乎？吾见夫青年其年龄，而老年其身体者十之五焉；青年其年龄或身体，而老年其脑神经者十之九焉。华其发，泽其容，直其腰，广其膈，非不俨然青年也；及叩其头脑中所涉想所怀抱，无一不与彼陈腐朽败者为一丘之貉。其始也未尝[①]不新鲜活泼，浸假而为陈腐朽败分子所同化者有之；浸假而畏陈腐朽败分子势力之庞大，

① 原文为“未常”，疑误。今改为“未尝”。

瞻顾依回，不敢明目张胆，作顽狠之抗斗者有之。充塞社会之空气，无往而非陈腐朽败焉，求些少之新鲜活泼者，以慰吾人窒息之绝望，亦杳不可得。

循斯现象，于人身则必死，于社会则必亡。欲救此病，非太息咨嗟之所能济，是在一二敏于自觉勇于奋斗之青年，发挥人间固有之智能，决择[①]人间种种之思想——孰为新鲜活泼而适于今世之争存，孰为陈腐朽败而不容留置于脑里——利刃断铁，快刀理麻，决不作牵就依违之想，自度度人，社会庶几其有清宁之日也。青年乎！其有以此自任者乎？若夫明其是非，以供决择，谨陈六义，幸平心察之：

（一）自主的而非奴隶的

等一人也，各有自主之权，绝无奴隶他人之权利，亦绝无以奴自处之义务。奴隶云者，古之昏弱对于强暴之横夺，而失其自由权利者之称也。自人权平等之说兴，奴隶之名，非血气所忍受。世称近世欧洲历史为“解放历史”：破坏君权，求政治之解放也；否认教权，求宗教之解放也；均产说兴，求经济之解放也；女子参政运动，求男权之解放也。

解放云者，脱离夫奴隶之羁绊，以完其自主自由之人格之谓也。我有手足，自谋温饱；我有口舌，自陈好恶；我有心思，自崇所信；绝不认他人之越俎，亦不应主我而奴他人：盖自认为独立自主之人格以上，一切操行，一切权利，一切信仰，唯有听命各自固有之智能，断无盲从隶属他人之理。非然者，忠孝节义，奴隶之道德也［德国大哲尼采（Nietzsche）别道德为二类：有独立心而勇敢者曰贵族道德（Morality of Noble），谦逊而服从者曰奴隶道德（Morality of Slave）］；轻刑薄赋，奴隶之幸福也；称颂功德，奴隶之文章也；拜爵赐第，奴隶之光荣也；丰碑高墓，奴隶之纪念物也。以其是非荣辱，听命他人，不以自身为本位，则个人独立平等之人

① 今作“抉择”。本篇下文同。

格，消灭无存，其一切善恶行为，势不能诉之自身意志而课以功过，谓之奴隶，谁曰不宜？立德立功，首当辨此。

（二）进步的而非保守的

不进则退，中国之恒言也。自宇宙之根本大法言之，森罗万象，无日不在演进之途，万无保守现状之理；特以俗见拘牵，谓有二境，此法兰西当代大哲柏格森（H. Borgson）之创造进化论（L'Evolution Creatrice）所以风靡一世也。以人事之进化言之：笃古不变之族，日就衰亡；日新求进之民，方兴未已。存亡之数，可以逆睹。矧在吾国，大梦未觉，故步自封，精之政教文章，粗之布帛水火，无一不相形丑拙，而可与当世争衡？

举凡残民害理之妖言，率能征之故训，而不可谓诬，谬种流传，岂自今始！固有之伦理、法律、学术、礼俗，无一非封建制度之遗，持较皙种之所为，以并世之人，而思想差迟，几及千载；尊重廿四朝之历史性，而不作改进之图；则驱吾民于二十世纪之世界以外，纳之奴隶牛马黑暗沟中而已，复何说哉！于此而言保守，诚不知为何项制度文物，可以适用生存于今世。吾宁忍过去国粹之消亡，而不忍现在及将来之民族，不适世界之生存而归削灭①也。

呜呼！巴比伦人往矣，其文明尚有何等之效用耶？“皮之不存，毛将焉傅②？”世界进化，骎骎未有已焉。其不能善变而与之俱进者，将见其不适环境之争存，而退归天然淘汰已耳，保守云乎哉！

（三）进取的而非退隐的

当此恶流奔进之时，得一二自好之士，洁身引退，岂非希世懿德；然欲以化民成俗，请于百尺竿头，再进一步。夫生存竞争，势所不免，一息

① 当时用法，指削弱灭亡。

② 原文如此。此语出自《左传·僖公十四年》：“皮之不存，毛将安傅？”

尚存，即无守退安隐之余地。排万难而前行，乃人生之天职。以善意解之，退隐为高人出世之行；以恶意解之，退隐为弱者不适竞争之现象。欧俗以横厉无前为上德，亚洲以闲逸恬淡为美风：东西民族强弱之原因，斯其一矣。此退隐主义之根本缺点也。

若夫吾国之俗，习为委靡：苟取利禄者，不在论列之数；自好之士，希声隐沦，食粟衣帛，无益于世，世以雅人名士目之，实与游惰无择也。人心秽浊，不以此辈而有所补救，而国民抗往之风、植产[①]之习，于焉以斩。人之生也，应战胜恶社会，而不可为恶社会所征服；应超出恶社会，进冒险苦斗之兵，而不可逃遁恶社会，作退避安闲之想。呜呼！欧罗巴铁骑，入汝室矣，将高卧白云何处也？吾愿青年之为孔、墨，而不愿其为巢、由；吾愿青年之为托尔斯泰与达噶尔（R. Tagore 印度隐遁诗人），不若其为哥伦布与安重根！

（四）世界的而非锁国的

并吾国而存立于大地者，大小凡四十余国，强半与吾有通商往来之谊。加之海陆交通，朝夕千里。古之所谓绝国，今视之若在户庭。举凡一国之经济政治状态有所变更，其影响率被于世界，不啻牵一发而动全身也。立国于今之世，其兴废存亡，视其国之内政者半，影响于国外者恒亦半焉。以吾国近事证之：日本勃兴，以促吾革命维新之局；欧洲战起，日本乃有对我之要求。此非其彰彰者耶？投一国于世界潮流之中，笃旧者固速其危亡，善变者反因以竞进。

吾国自通海以来，自悲观者言之，失地偿金，国力索矣；自乐观者言之，倘无甲午、庚子两次之福音，至今犹在八股垂发时代。居今日而言锁国闭关之策，匪独立所不能，亦且势所不利。万邦并立，动辄相关，无论其国若何富强，亦不能漠视外情，自为风气。各国之制度文物，形式虽不

① 原文如此。今作“殖产”。

必尽同，但不思驱其国于危亡者，其遵循共同原则之精神，渐趋一致，潮①流所及，莫之能违。于此而执特别历史国情之说，以冀抗此潮流，是犹有锁国之精神，而无世界之智识。国民而无世界智识，其国将何以图存于世界之中？语云："闭户造车，出门未必合辙。"今之造车者，不但闭户，且欲以《周礼·考工》之制，行之欧美康庄，其患将不止不合辙已也！

（五）实利的而非虚文的

自约翰·弥尔（J. S. Mill）"实利主义"唱道②于英，孔特（Comte）之"实验哲学"唱道于法，欧洲社会之制度，人心之思想，为之一变。最近德意志科学大兴，物质文明造乎其极，制度人心为之再变。举凡政治之所营，教育之所期，文学技术之所风尚，万马奔驰，无不齐集于厚生利用之一途。一切虚文空想之无裨于现实生活者，吐弃殆尽。当代大哲，若德意志之倭根（R. Eucken），若法兰西之柏格森，虽不以现时物质文明为美备，咸揭橥生活（英文曰 Life，德文曰 Leben，法文曰 La vie）问题为立言之的。生活神圣，正以此次战争，血染其鲜明之旗帜。欧人空想虚文之梦，势将觉悟无遗。

夫利用厚生，崇实际而薄虚玄，本吾国初民之俗；而今日之社会制度，人心思想，悉自周、汉两代而来——周礼崇尚虚文，汉则罢黜百家而尊儒重道——名教之所昭垂，人心之所祈向，无一不与社会现实生活背道而驰。倘不改弦而更张之，则国力将莫由昭苏，社会永无宁日。祀天神而拯水旱，诵《孝经》以退黄巾，人非童昏，知其妄也。物之不切于实用者，虽金玉圭璋，不如布粟粪土。若事之无利于个人或社会现实生活者，皆虚文也，诳人之事也。诳人之事，虽祖宗之所遗留，圣贤之所垂教，政

---

① 原文为"朝"，依文义改为"潮"。

② 今作"倡导"。本篇下文同。

府之所提倡，社会之所崇尚，皆一文不值也！

（六）科学的而非想像的

科学者何？吾人对于事物之概念，综合客观之现象，诉之主观之理性而不矛盾之谓也。想像者何？既超脱客观之现象，复抛弃主观之理性，凭空构造，有假定而无实证，不可以人间已有之智灵明其理由、道其法则者也。在昔蒙昧之世，当今浅化之民，有想像而无科学。宗教美文，皆想像时代之产物。近代欧洲之所以优越他族者，科学之兴，其功不在人权说下，若舟车之有两轮焉。今且日新月异，举凡一事之兴，一物之细，罔不诉之科学法则，以定其得失从违；其效将使人间之思想云为，一遵理性，而迷信斩焉，而无知妄作之风息焉。

国人而欲脱蒙昧时代，羞为浅化之民也，则急起直追，当以科学与人权并重。士不知科学，故袭阴阳家符瑞五行之说，惑世诬民；地气风水之谈，乞灵枯骨。农不知科学，故无择种去虫之术。工不知科学，故货弃于地，战斗生事之所需，一一仰给于异国。商不知科学，故惟识罔[①]取近利，未来之胜算，无容心焉。医不知科学，既不解人身之构造，复不事药性之分析，菌毒传染，更无闻焉，惟知附会五行生克寒热阴阳之说，袭古方以投药饵，其术殆与矢人同科。其想像之最神奇者，莫如“气”之一说。其说且通于力士羽流之术，试遍索宇宙间，诚不知此“气”之果为何物也！

凡此无常识之思，惟无理由之信仰，欲根治之，厥维科学。夫以科学说明真理，事事求诸证实，较之想像武断之所为，其步度诚缓；然其步步皆踏实地，不若幻想突飞者之终无寸进也。宇宙间之事理无穷，科学领土内之膏腴待辟者，正自广阔。青年勉乎哉！

一九一五，九，十五

---

① 原文如此。今作“网”。

法兰西人与近世文明

文明云者，异于蒙昧未开化者之称也。La Civilisation，汉译为文明、开化、教化诸义。世界各国，无东西今古，但有教化之国，即不得谓之无文明。惟地阻时更，其质量遂至相越。古代文明，语其大要，不外宗教以止残杀，法禁以制黔首，文学以扬神武。此万国之所同，未可自矜其特异者也。近世文明，东西洋绝别为二。代表东洋文明者，曰印度，曰中国。此二种文明虽不无相异之点，而大体相同，其质量举未能脱古代文明之窠臼，名为"近世"，其实犹古之遗也。可称曰"近世文明"者，乃欧罗巴人之所独有，即西洋文明也；亦谓之欧罗巴文明。移植亚美利加，风靡亚细亚者，皆此物也。欧罗巴之文明，欧罗巴各国人民皆有所贡献，而其先发主动者率为法兰西人。

近代文明之特征，最足以变古之道，而使人心社会划然一新者，厥有三事：一曰人权说、一曰生物进化论、一曰社会主义是也。

法兰西革命以前，欧洲之国家与社会，无不建设于君主与贵族特权之上，视人类之有独立自由人格者，唯少数之君主与贵族而已；其余大多数之人民，皆附属于特权者之奴隶，无自由权利之可言也。自千七百八十九年，法兰西拉飞耶特（Lafayette，美国独立宣言书亦其所作）之《人权宣言》（La declaration des droits de I'hommes）刊布中外，欧罗巴之人心，若梦之觉，若醉之醒，晓然于人权之可贵，群起而抗其君主，仆其贵族，列国宪章，赖以成立。薛纽柏有言曰："古之法律，贵族的法律也。区别人类以不平等之阶级，使各人固守其分位。然近时之社会，民主的社会也。人人于法律之前，一切平等。不平等者虽非全然消灭，所存者关于财产之私不平等而已，公平等固已成立矣。”（语见薛氏所著 Histoire de la Civilisation Contomporaine 之《结论》第四一五页）由斯以谈，人类之得以为人，不至永沦奴籍者，非法兰西人之赐而谁耶？

宗教之功，胜残劝善，未尝无益于人群；然其迷信神权，蔽塞人智，是所短也。欧人笃信创造世界万物之耶和华，不容有所短长，一若中国之隆重纲常名教也。自英之达尔文持生物进化之说，谓人类非由神造，其后递相推演，生存竞争优胜劣败之格言，昭垂于人类。人类争吁智灵，以人胜天，以学理构成原则，自造其祸福，自导其知行，神圣不易之宗风，任命听天之惰性，吐弃无遗，而欧罗巴之物力人功，于焉大进。世多称生物学为十九世纪文明之特征，然追本溯源，达尔文生物进化之说，实本诸法兰西人拉马尔克（Lamarck）。拉氏之《动物哲学》出版于千八百有九年，以科学论究物种之进化与人类之由来，实空前大著也。其说谓生物最古之祖先，为最下级之单纯有机体；此单纯有机体，乃由无机物自然发生，以顺应与遗传，为生物进化之二大作用。其后五十年，倾动世界之达尔文进化论，盖继拉氏而起者也。法兰西人之有大功于人类也又若此！

近世文明之发生也，欧罗巴旧社会之制度，破坏无余，所存者私有财产制耳。此制虽传之自古，自竞争人权之说兴，机械资本之用广，其言遂演而日深：政治之不平等，一变而为社会之不平等；君主贵族之压制，一变而为资本家之压制。此近世文明之缺点，无容讳言[①]者也。欲去此不平等与压制，继政治革命而谋社会革命者，社会主义是也。可谓之反对近世文明之欧罗巴最近文明。其说始于法兰西革命时，有巴布夫（Babeuf）者，主张废弃所有权，行财产共有制（La communaute des biens）。其说未为当世所重。十九世纪之初，此主义复盛兴于法兰西。圣西孟（Saint - Simon）及傅里耶（Fonrier），其最著称者也。彼等所主张者，以国家或社会为财产所有主，人各从其才能

① 今一般作“毋庸讳言”。

以事事，各称其劳力以获报酬，排斥违背人道之私有权，而建设一新社会也。其后数十年，德意志之拉萨尔（Lassalle）及马克斯[①]（Karl Marx）承法人之师说，发挥而光大之，资本与劳力之争愈烈，社会革命之声愈高。欧洲社会，岌岌不可终日。财产私有制虽不克因之遽废，然各国之执政及富豪，恍然于贫富之度过差决非社会之福，于是谋资本劳力之调和，保护工人，限制兼并，所谓社会政策是也。晚近经济学说，莫不以生产分配相提并论。继此以往，贫民生计，或以昭苏。此人类之幸福，受赐于法兰西人者又其一也。

此近世三大文明，皆法兰西人之赐。世界而无法兰西，今日之黑暗不识仍居何等。创造此文明之恩人方与军国主义之德意志人相战，其胜负尚未可逆睹。夫德意志之科学，虽为吾人所尊崇，仍属近代文明之产物，表示其特别之文明有功人类者，吾人未之知也；所可知者，其反对法兰西人所爱之平等自由博爱而已。文明若德意志，其人之理想，决非东洋诸国可比。其文豪大哲、社会党人，岂无一爱平等自由博爱，为世矜式者？特其多数人之心理，爱自由爱平等之心，为爱强国强种之心所排而去，不若法兰西人之嗜平等博爱自由，根于天性，成为风俗也。英、俄之攻德意志，其用心非吾所知；若法兰西人，其执戈而为平等博爱自由战者，盖十人而八九也。即战而败，其创造文明之大恩，吾人亦不可因之忘却。昔法败于德，德之大哲尼采曰："吾德人勿胜而骄，彼法兰西人历世创造之天才，实视汝因袭之文明而战胜也。"吾人当三复斯言。

一九一五，九，十五

① 今译"马克思"。

今日之教育方针

居今日之中国而谈教育，无贤不肖将共非之。上方百计仆此以为弭乱之计，下亦以非生事所需，一言教育，贤者叹为空谈，不肖者詈为多事，吾则以为皆非也。多事之说，良以教育非能致富求官也，然则教育之所以急需，正为此辈而设。空谈之说，亦志行薄弱，随俗进退者之用心，吾无取也。何以言之？盖教育有广狭二义：自狭义言之，乃学校师弟之所授受；自广义言之，凡伟人大哲之所遗传，书籍报章之所论列，家庭之所教导，交游娱乐之所观感，皆教育也。以执政之摧残学校，遂谓无教育之可言，执政倘焚书坑儒，将更谓识字之迂阔乎？以如斯志行薄弱之人主持教育，虽学生遍乎域中，岁费增至亿万，兴国作民之事，必无望也！反乎此者，虽执政尽废全国学校，而广义教育，非其力所能悉除，强毅之士，不为所挠，填海移山，行见教育精神，终有救国新民之一日。发空谈之长叹，煽消极之恶风，其罪殆与摧残教育之执政相等。即以狭义之教育言之，二三年来，学校破坏，诚可痛心，然就此孑遗，非绝无振作精神之余地；乃必欲委心任运，因循敷衍，致此残败之余亦归残败，青年学子用以自放，绝无进取向上之心，呜呼！是谁之罪欤？吾以为已破坏之学校，罪在执政；未破坏之学校，其腐败堕落等于破坏者，则罪在教育家！

教育家之整理教育，其术至广，而大别为三：一曰教育之对象，一曰教育之方针，一曰教育之方法。教育之对象者，即受教育者之生理的及心理的性质也；教育之方针者，应采何主义以为归宿也；教育之方法者，应若何教授陶冶以实施此方针也。三者之中，以教育之方针为最要：如矢之的，如舟之柁。不此是图，其他设施，悉无意识。

第所谓教育方针者，中外古今，举无一致。欧洲中世，教育之权操之僧侣，其所持教育方针，乃以养成近似神子（即耶稣）之人物；近世政教分离，国民普通教育，恒属于国家之经营，施教方针，于焉大异。斯巴达（Sparta，古代希腊 Laconia 州之首府）人之教育，期以好勇善斗，此所谓军国民教育主义也。此主义已为近世教育家所不取（德意志及日本虽以军国主义闻于天下，然其国之隆盛，盖不独在兵强，其国民教育方针，德智力三者未尝偏废），以其戕贼人间个性之自由，失设教之正鹄也。法兰西哲学者卢梭，以人生本乎自治为立教之则，此哲家之偏见，未可施诸国民普通教育者也。德意志之哲学者赫尔巴特（Herbart），近世教育家之泰斗也。其说以品行之陶冶为教育之极则，十九世纪言教育者多以赫氏为宗。所谓赫尔巴特派教育学与康德派哲学，殆如并世之双峰；然晚近学者多非之，至称为雕刻师而非教育家，盖以其徒事表象之庄严，陷于漠视体育与心灵二大缺点也。现今欧美各国之教育，罔不智德力三者并重而不偏倚，此其共通之原理也。而各国特有之教育精神：英吉利所重者，个人自由之私权也；德意志所重者，军国主义，举国一致之精神也；法兰西者，理想高尚，艺术优美之国也；亚美利加者，兴产殖业，金钱万能主义之国也。稽此列强教育之成功，均有以矜式宇内者。吾国今日之教育方针，将何所取法乎？

窃以理无绝对之是非，事以适时为兴废。吾人所需于教育者，亦去其不适以求其适而已。盖教育之道无他，乃以发展人间身心之所长而去其短，长与短即适与不适也。以吾昏惰积弱之民，谋教育之方针，计惟去短择长，弃不适以求其适；易词言之，即补偏救弊，以求适世界之生存而已。外览列强之大势，内鉴国势之要求，今日教学相期者，第一当了解人生之真相，第二当了解国家之意义，第三当了解个人与社会经济之关系，第四当了解未来责任之艰巨。准此以定今日教育之方针，教于斯，学于斯，吾国庶有起死回生之望乎？依此方针，说其义于左方[①]：

（一）现实主义

人生之真相，果如何乎？此哲学上之大问题也。欲解决此问题，似尚非今世人智之所能。征诸百家已成之说，神秘宗教，诉之理性，决其立言之不诚；定命之说，不得初因，难言后果。印度诸师，悉以现象世界为妄觉，以梵天真如为本体（惟一切有部之说微异斯旨）；惟征之近世科学，官能妄觉，现象无常，其说不误。然觉官有妄，而物体自真；现象无常，而实质常住。森罗万象，瞬刻变迁，此无常之象也；原子种性，相续不灭，此常之象也。原子种性不灭，则世界无尽；世界无尽，则众生无尽；众生无尽，则历史无尽。尔我一身，不过人间生命一部分之过程，勿见此身无常，遂谓世间一切无常；尔之种性及历史，乃与此现在实有之世界相永续也。以现象之变迁，疑真常之存在，于物质世界之外，假定梵天真如以为本体，薄现实而趣空观，厌倦偷安，人治退化，印度民族之衰微，古教宗风，不能无罪也。耶稣之教，以为人造于神，复归于神，善者予以死后之生命，恶者夺之，以人生为神之事业。其说虽诞，然谓天国永生，而不指斥人世生存为妄幻，故信奉其教之民，受祸尚不若印度之烈。加之近世科学大兴，人治与教宗并立，群知古说迷信，不足解决人生问题矣。

总之，人生真相如何，求之古说，恒觉其难通；征之科学，差谓其近是。近世科学家之解释人生也：个人之于世界，犹细胞之于人身，新陈代谢，死生相续，理无可逃；惟物质遗之子孙（原子不灭），精神传之历史（种性不灭）；个体之生命无连续，全体之生命无断灭；以了解生死故，既不厌生，复不畏死，知吾身现实之生存，为人类永久生命可贵之一隙，非常非暂，益非幻非空；现实世界之内有事功，现实世界之外无希望。唯其尊现实也，则人治兴焉，迷信斩焉：此近世欧洲之时代精神也。此精神磅

---

① 原书竖排，从右至左读，故曰“左方”。

薄无所不至：见之伦理道德者，为乐利主义；见之政治者，为最大多数幸福主义；见之哲学者，曰经验论，曰唯物论；见之宗教者，曰无神论；见之文学美术者，曰写实主义，曰自然主义。一切思想行为，莫不植基于现实生活之上。古之所谓理想的道德的黄金时代，已无价值之可言。德意志诗人海雷（Heine，生于一七九七年，卒于一八五六年）有言曰："海之帝国属于英吉利，陆之帝国属于法兰西，空之帝国属于德意志。"斯言也，意在讽劝其国人，一变其理想主义而为现实主义也。现实主义，诚今世贫弱国民教育之第一方针矣。

（二）惟民主义

封建时代，君主专制时代，人民惟统治者之命是从，无互相连络①之机缘，团体思想因以薄弱。此种散沙之国民，投诸国际生存竞争之漩涡，国家之衰亡，不待蓍卜。是以世界优越之民族，由家族团体，进而为地方团体，更进而为国家团体。近世欧洲文明进于中古者，国家主义亦一特异之征也。第国家主义既盛，渐趋过当，遂不免侵害人民之权利。是以英、法革命以还，惟民主义，已为政治之原则。美、法等共和国家无论矣，即君主国，若英吉利，若比利时，亦称主权在民，实行共和政治。欧洲各国，俄罗斯、土耳其之外，未有敢蹂躏宪章，反抗民意者也。十八世纪以来之欧洲绝异于前者，惟民主义之赐也。吾人非崇拜国家主义，而作绝对之主张；良以国家之罪恶，已发见于欧洲，且料此物之终毁。第衡之吾国国情，国民犹在散沙时代，因时制宜，国家主义实为吾人目前自救之良方。

惟国人欲采用此主义，必先了解此主义之内容。内容维何？欧、美政治学者诠释近世国家之通义曰："国家者，乃人民集合之团体，辑内御外，以拥护全体人民之福利，非执政之私产也。"易词言之，近世国家主义，

---

① 今作"联络"。

乃民主的国家，非民奴的国家。民主国家，真国家也，国民之公产也。以人民为主人，以执政为公仆者也。民奴国家，伪国家也，执政之私产也，以执政为主人，以国民为奴隶者也。真国家者，牺牲个人一部分之权利，以保全体国民之权利也。伪国家者，牺牲全体国民之权利，以奉一人也。民主而非国家，吾不欲青年耽此过高之理想；国家而非民主，则将与民为邦本之说背道而驰。若惟民主义之国家，固吾人财产身家之所托。人民应有自觉自重之精神，毋徒事责难于政府。若期期唯共和国体是争，非根本之计也。

（三）职业主义

现实之世界，即经济之世界也。举凡国家社会之组织，无不为经济所转移所支配。古今社会状态之变迁，与经济状态之变迁同一步度。此社会学者、经济学者所同认也。今日之社会，植产兴业[①]之社会也，分工合力之社会也，尊重个人生产力，以谋公共安宁幸福之社会也。一人失其生产力，则社会失其一部分之安宁幸福。生产之力弱于消费，于社会，于个人，皆属衰亡之兆。

征之吾国经济现象，果如何乎？功利货殖，自古为羞；养子孝亲，为毕生之义务：此道德之害于经济者也。债权无效，游惰无惩：此法律之害于经济者也。官吏苛求，上下无信；姬妾仆从，漫无限制：此政治之害于经济者也。并此数因，全国之人，习为游惰：君子以闲散鸣高，遗累于戚友；小人以骗盗糊口，为害于闾阎。生寡食众，用急为舒。于此经济竞争剧烈之秋，欲以三等流氓（政治家为高等流氓，士人为中等流氓，流氓为下等流氓，以其均无生产力也）立国，不其难乎？

今之教育，倘不以尊重职业为方针，不独为俗见所非，亦经世家所不取。盖个人以此失其独立自营之美德，社会经济以此陷于不克自存之悲

① 原文如此。今作“殖产兴业”。

境也。

（四）兽性主义

日本福泽谕吉有言曰：“教育儿童，十岁以前，当以兽性主义；十岁以后，方以人性主义。”进化论者之言曰：吾人之心，乃动物的感觉之继续。人间道德之活动，乃无道德的冲动之继续。良以人类为他种动物之进化，其本能与他动物初无异致。所不同者，吾人独有自动的发展力耳。强大之族，人性、兽性同时发展。其他或仅保兽性，或独尊人性，而兽性全失，是皆堕落衰弱之民也。

兽性之特长谓何？曰意志顽狠，善斗不屈也；曰体魄强健，力抗自然也；曰信赖本能，不依他为活也；曰顺性率真，不饰伪自文也。晳种之人，殖民事业遍于大地，唯此兽性故；日本称霸亚洲，唯此兽性故。彼之文明教育，粲然大备，而烛远之士，恒期期以丧失此性为忧，良有以也。

余每见吾国曾受教育之青年，手无搏鸡[①]之力，心无一夫之雄；白面纤腰，妩媚若处子；畏寒怯热，柔弱若病夫：以如此心身薄弱之国民，将何以任重而致远乎？他日而为政治家，焉能百折不回，冀其主张之贯彻也？他日而为军人，焉能戮力疆场，百战不屈也？他日而为宗教家，焉能投迹穷荒，守死善道也？他日而为实业家，焉能思穷百艺，排万难，冒万险，乘风破浪，制胜万里外也？纨绔子弟遍于国中，朴茂青年等诸麟凤，欲以此角胜世界文明之猛兽，岂有济乎？茫茫禹域，来日大难。吾人倘不以劣败自甘，司教育者与夫受教育者，其速自觉觉人，慎毋河汉吾言，以常见虚文自蔽也！

一九一五，十，十五

① 原文如此。

抵抗力

（一）抵抗力之谓何

天道远，人道迩；天道恶，人道善。吾人眼前之正路，取径乎迩而不迷其远，尽力乎善以制其恶而已。宇宙间一切生灭现象，吾人觉性之所能知，能力之所可及，此人道也。其生灭之本源，吾人所未知也，自然也，此天道也。

老聃曰："天法道，道法自然。"自然之天道，其事虽迩，其意则远。循乎自然，万物并处而日相毁：雨水就下而蚀地，风日剥木而变衰，雷雹为殃，众生相杀，孰主张是？此老氏所谓"天地不仁，以万物为刍狗"也。故曰：天道恶。众星各葆有其离力而不相并，万物各驱除其灾害而图生存，人类以技术征服自然，利用以为进化之助，人力胜天，事例最显。其间意志之运用，虽为自然进动之所苞，然以人证物，各从其意，志之欲求，以与自然相抗，而成败别焉。故曰：人道善。

兹所谓人道者，非专为人类而言。人类四大之身，亦在自然之列。惟其避害御侮自我生存之意志，万类所同，此别于自然者也。自然每趋于毁坏，万物各求其生存。一存一毁，此不得不需于抵抗力矣。抵抗力者，万物各执着其避害御侮自我生存之意志，以与天道自然相战之谓也。

（二）抵抗力之价值

万物之生存进化与否，悉以抵抗力之有无强弱为标准。优胜劣败，理无可逃。通一切有生无生物，一息思存，即一息不得无抵抗力。此不独人类为然也：行星而无抵抗力，已为太阳所吸收；植物而无抵抗力，则将先秋而零落；禽兽而无抵抗力，将何以堪此无宫室衣裳之生活？

人类之生事愈繁，所需于抵抗力者尤巨。自生理言之：所受自然之疾病，无日无时无之，治于医药者只十之二三，治于自身抵抗力者恒十之七八。自政治言之：对外而无抵抗力，必为异族所兼并；对内而无抵抗力，恒为强暴所劫持。抵抗力薄弱之人民，虽尧、舜之君将化而为桀、纣；抵抗力强毅之民族，虽路易、拿翁之枭杰，亦不得不勉为华盛顿，否则身戮为天下笑耳。自社会言之：群众意识，每喜从同；恶德污流，惰力甚大；往往滔天罪恶，视为其群道德之精华。非有先觉哲人，力抗群言，独标异见，则社会莫由进化。自道德言之：人秉自然，贪残成性，即有好善利群之知识，而无抵抗实行之毅力，亦将随波逐流，莫由自拔；矧食色根诸天性，强言不欲，非伪即痴。然纵之失当，每为青年堕落之源。使抗欲无力，一切操行，一切习惯，悉难趣诸向上之途，而群己之乐利，胥因以破坏。

审是人生行径，无时无事不在剧烈战斗之中，一旦丧失其抵抗力，降服而已，灭亡而已，生存且不保，遑云进化！盖失其精神之抵抗力，已无人格可言；失其身体之抵抗力，求为走肉行尸，且不可得也！

（三）抵抗力与吾国民性

吾国衰亡之现象，何止一端？而抵抗力之薄弱，为最深最大之病根。退缩苟安，铸为民性，腾笑万国，东邻尤肆其恶评。最近《义勇青年杂志》所载《支那[①]之民族性与社会组织》文中有言曰：

> 彼等但求生命财产之安全，其国土之附属何国，非所注意。其国为历代易姓革命之国也。其国王之为刘氏或李氏，乃至或英，或俄，

① 原文如此。今该词已不再使用。本篇下文同。

> 或法，一切无所容心。所谓“凿井而饮，耕田而食，帝力于我何有哉”之言，最足表示彼等之性格。彼等所愿者，租税少，课役稀，文法不繁而已。数千年来所谓为政者，设种种文法，夺百姓之钱，以肥私腹，而百姓之利害休戚不置眼中，终至官贼同视。彼等于个人眼前利益以外，决不喜为之。政治上之抗争，宁目为妨害产业之绝大非行，政治之良否是非，一般人民绝不闻问。彼等但屈从强有势力者而已。……
>
> 支那今日之醒觉，不过一部分外国留学生。而一般国民，深以政争妨害自身产业，为彼等心中第一难堪之痛苦。若夫触世界之潮流，促醒其迷梦，使知国家为何物，民权为何物，自由为何物，其日尚远也！

日人此言，强半属于知识问题者，犹可为国人恕。惟其“屈从强有势力者”一言，国人其何以忍受？然征诸吾人根性，又何能强颜不承？呜呼！国人倘抛置抵抗力，惟强有势力者是从，世界强有势力者多矣，盗贼外人，将非所择，厚颜苟安，真堪痛哭矣！呜呼！国人须知奋斗乃人生之职，苟安为召乱之媒！兼弱攻昧，弱肉强食，中外古今，举无异说，国人而抛置抵抗力，即不啻自署奴券，置身弱昧之林也。

举凡吾之历史，吾之政治，吾之社会，吾之家庭，无一非暗云所笼罩，欲一一除旧布新，而不为并世强盛之民所兼、所攻、所食，固非冒万险，排万难，莫由幸致。以积重难返之势，处竞争剧烈之秋，吾人所需抵抗力之量，较诸今日之欧战，理当无灭有增。而事象所呈，适得其反。愚昧无知者无论矣，即曲学下流，合污远祸，毁节求容者，亦尚不足深责；吾人所第一痛心者，乃在抵抗力薄弱之贤人君子。其始也未尝无推倒一时之概，澄清天下之心，然一遇艰难，辄自阻丧：上者愤世自杀；次者厌世逃禅；又其次者，嫉俗隐遁；又其次者，酒博自沉。此四者，皆吾民之硕德名流，而如此消极，如此脆弱，如此退葸，如此颓唐，驯致小人道长，君子道消，天地易位，而亡国贱奴根性薄弱，真乃铁案如山矣！

或谓“今俗浇薄，固如此也”。而征之在昔，耦耕之徒，目孔、墨为多事；汉、明之灭，或归罪于党人；历代国变，义烈之士亦不过慷慨悲歌，闭门自杀而已。杨雄、蔡邕，文学盖世，而贬节于王董；谯周、冯道，士林所不齿也，而少年操行，俱见重于乡党；洪承畴初未尝无殉国之志，而卒为清廷厚禄美色所动；曹操、秦桧之为巨奸大恶，妇孺所知也，而操相济南，桧为御史时，不可谓非正人君子。由是而知吾国社会恶潮流势力之伟大，与夫个人抵抗此恶潮流势力之薄弱，相习成风，廉耻道丧，正义消亡，乃以铸成今日卑劣无耻退葸苟安诡易圆滑之国民性！呜呼，悲哉！亡国灭种之病根，端在斯矣！

（四）国人抵抗力薄弱之原因及救济法

披荆斩棘，拓此宏疆，吾人之祖先，若绝无抵抗力，则已为群蛮所并吞；而酿成今日之罢①弱现象者，其原因盖有三焉：

一曰学说之为害也。老尚雌退，儒崇礼让，佛说空无。义侠伟人，称以大盗；贞直之士，谓为粗横。充塞吾民精神界者，无一强梁敢进之思。惟抵抗之力，从根断矣。

一曰专制君主之流毒也。全国人民，以君主之爱憎为善恶，以君主之教训为良知。生死予夺，惟一人之意是从。人格丧亡，异议杜绝。所谓纲常大义，无所逃于天地之间，而民德、民志、民气，扫地尽矣。

一曰统一之为害也。列邦并立，各自争存，智勇豪强，犹争受推重。政权统一，则天下同风，民贼独夫益无忌惮。庸懦无论矣，即所谓智勇豪强，非自毁人格，低首下心，甘受笞挞，奉令惟谨，别无生路。“臣罪当诛，天王圣明。”至此则万物赖以生存之抵抗力，乃化而为不祥之物矣。

并此三因，造成今果。吾人而不以根性薄弱之亡国贱奴自处也，计惟

---

① 〈古〉同“疲”。

以热血荡涤此三因，以造成将来之善果而已。

拿破仑有言曰："难"字，"不能"字，惟愚人字典中有之，法兰西人所不知也。孟子曰：富贵不能淫，贫贱不能移，威武不能屈：此之谓大丈夫。鼐尔孙曰：吾不识世间有可畏之事。乃木希典有言曰：训练青年，当使身心悉如钢铁。卞内基有言曰：遇难而退，遇苦而悲者，皆无能之人也。岩崎氏者，以穷汉而成日本之第一富豪，其死也，卧病数十日，未尝一出呻吟之声；美利坚力战八年而独立；法兰西流血数十载而成共和：此皆吾民之师资。幸福事功，莫由幸致。世界一战场，人生一恶斗。一息尚存，决无逃遁苟安之余地。处顺境而骄，遭逆境而馁者，皆非豪杰之士也，外境之降虏已耳！

一九一五，十一，十五

东西民族根本思想之差异

五方风土不同，而思想遂因以各异。世界民族多矣：以人种言，略分黄白；以地理言，略分东西两洋。东西洋民族不同，而根本思想亦各成一系，若南北之不相并，水火之不相容也。请言其大者：

（一）西洋民族以战争为本位，东洋民族以安息为本位

儒者不尚力争，何况于战？老氏之教，不尚贤，使民不争，以任兵为不祥之器。故中土自西汉以来，黩武穷兵，国之大戒，佛徒去杀，益堕健斗之风。世或称中国民族安息于地上，犹太民族安息于天国，印度民族安息于涅槃，安息为东洋诸民族一贯之精神。斯说也，吾无以易之。

若西洋诸民族，好战健斗，根诸天性，成为风俗。自古宗教之战，政治之战，商业之战，欧罗巴之全部文明史，无一字非鲜血所书。英吉利人以鲜血取得世界之霸权，德意志人以鲜血造成今日之荣誉。若比利时，若塞尔维亚，以小抗大，以鲜血争自由，吾料其人之国终不沦亡。其力抗艰难之气骨，东洋民族或目为狂易；但能肖其万一，爱平和尚安息雍容文雅之劣等东洋民族，何至处于今日之被征服地位？

西洋民族性，恶侮辱，宁斗死；东洋民族性，恶斗死，宁忍辱。民族而具如斯卑劣无耻之根性，尚有何等颜面，高谈礼教文明而不羞愧！

（二）西洋民族以个人为本位，东洋民族以家族为本位

西洋民族，自古讫[①]今，彻头彻尾，个人主义之民族也。英、美如此，法、德亦何独不然？尼采如此，康德亦何独不然？举一切伦理、道德、政治、法律、社会之所向往，国家之所祈求，拥护个人之自由权利与幸福而已。思想言论之自由，谋个性之发展也。法律之前，个人平等也。个人之自由权利，载诸宪章，国法不得而剥夺之，所谓人权是也。人权者，成人以往，自非奴隶，悉享此权，无有差别。此纯粹个人主义之大精神也。自唯心论言之：人间者，性灵之主体也；自由者，性灵之活动力也。自心理学言之：人间者，意思之主体；自由者，意思之实现力也。自法律言之：人间者，权利之主体；自由者，权利之实行力也。所谓性灵，所谓意思，所谓权利，皆非个人以外之物。国家利益，社会利益，名与个人主义相冲突，实以巩固个人利益为本因也。

东洋民族，自游牧社会，进而为宗法社会，至今无以异焉；自酋长政治，进而为封建政治，至今亦无以异焉。宗法社会，以家族为本位，而个人无权利，一家之人，听命家长。《诗》曰："君之宗之。"《礼》曰："有余则归之宗，不足则资之宗。"宗法社会尊家长，重阶级，故教孝；宗法社会之政治，郊庙典礼，国之大经，国家组织，一如家族，尊元首，重阶级，故教忠。忠孝者，宗法社会封建时代之道德，半开化东洋民族一贯之精神也。自古忠孝美谈，未尝无可泣可歌之事，然律以今日文明社会之组织，宗法制度之恶果，盖有四焉：一曰损坏个人独立自尊之人格；一曰窒碍个人意思之自由；一曰剥夺个人法律上平等之权利（如尊长卑幼同罪异罚之类）；一曰养成依赖性，戕贼个人之生产力。东洋民族社会中种种卑劣不法惨酷衰微之象，皆以此四者为之因。欲转善因，是在以个人本位主义易家族本位主义。

---

① 今作"迄"。

（三）西洋民族以法治为本位，以实利为本位；东洋民族以感情为本位，以虚文为本位

西洋民族之重视法治，不独国政为然，社会、家庭，无不如是。商业往还，对法信用者多，对人信用者寡；些微授受，恒依法立据。浅见者每讥其俗薄而不惮烦也。父子昆季之间，称贷责偿，锱铢必较，违之者不惜诉诸法律；亲戚交游，更无以感情违法损利之事。

或谓西俗夫妇非以爱情结合艳称于世者乎？是非深知西洋民族社会之真相者也。西俗爱情为一事，夫妇又为一事。恋爱为一切男女之共性；及至夫妇关系，乃法律关系、权利关系，非纯然爱情关系也。约婚之初，各要求其财产而不以为贪；既婚之后，各保有其财产而不以为吝。即上流社会之夫妇，一旦反目，直讼之法庭而无所愧怍。社会亦绝不以此非之。盖其国为法治国，其家庭亦不得不为法治家庭；既为法治家庭，则亲子昆季夫妇，同为受治于法之一人，权利义务之间，自不得以感情之故而有所损益。亲不责子以权利，遂亦不重视育子之义务。避妊之法，风行欧洲。夫妇生活之外无有余赀者，咸以生子为莫大之厄运。不徒中下社会如斯也，英国贵妇人乃以爱犬不爱小儿见称于世，良以重视个人自身之利益，而绝无血统家族之观念，故夫妇问题与产子问题，不啻风马牛相去万里也。若夫东洋民族，夫妇问题，恒由产子问题而生。“不孝有三，无后为大。”旧律无子，得以出妻。重家族，轻个人，而家庭经济遂蹈危机矣。蓄妾养子之风，初亦缘此而起。亲之养子，子之养亲，为毕生之义务。不孝不慈，皆以为刻薄非人情也。

西俗成家之子，恒离亲而别居，绝经济之关系。所谓吾之家庭（my family）者，必其独立生活也，否则必曰吾父之家庭（my father's family）；用语严别，误必遗讥。东俗则不然：亲养其子，复育其孙；以五递进，又各纳妇，一门之内，人口近百矣；况夫累代同居，传为佳话。虚文炫世，其害滋多！男妇群居，内多垢谇；依赖成性，生产日微；貌为家庭和乐，

实则黑幕潜张，而生机日促耳。昆季之间，率为共产，倘不相养，必为世讥。事畜之外，兼及昆季。至简之家，恒有八口。一人之力，曷以肩兹？因此被养之昆季习为游惰，遗害[①]于家庭及社会者亦复不少。交游称贷，视为当然，其偿也无期，其质也无物，惟以感情为条件而已。仰食豪门，名流不免。以此富者每轻去其乡里，视戚友若盗贼。社会经济，因以大乱。

凡此种种恶风，皆以伪饰虚文任用感情之故。浅见者自表面论之，每称以虚文感情为重者，为风俗淳厚之征；其实施之者多外饰厚情，内恒愤忌。以君子始，以小人终；受之者习为贪惰，自促其生以弱其群耳。以此为俗，何厚之有？以法治实利为重者，未尝无刻薄寡恩之嫌；然其结果，社会各人，不相依赖，人自为战，以独立之生计，成独立之人格，各守分际，不相侵渔。以小人始，以君子终；社会经济，亦因以厘然有叙[②]。以此为俗，吾则以为淳厚之征也。——即非淳厚也何伤？

一九一五，十二，十五

① 原文如此。依文义，似应为“贻害”。

② 〈书〉同“序”。

一九一六年

任重道远之青年诸君乎！诸君所生之时代，为何等时代乎？乃二十世纪之第十六年之初也。世界之变动即进化，月异而岁不同。人类光明之历史，愈演愈疾。十八世纪之文明，十七世纪之人以为狂易也；十九世纪之文明，十八世纪之人以为梦想也。而现代二十世纪之文明，其进境如何，今方萌动，不可得而言焉。然生斯世者，必昂头自负为二十世纪之人，创造二十世纪之新文明，不可因袭十九世纪以上之文明为止境。人类文明之进化，新陈代谢，如水之逝，如矢之行，时时相续，时时变易。二十世纪之第十六年之人，又当万事一新，不可因袭二十世纪之第十五年以上之文明为满足。盖人类生活之特色，乃在创造文明耳。假令二十世纪之文明，不加于十九世纪，则吾人二十世纪之生存为无价值，二十世纪之历史为空白；假令千九百十六年之文明，一仍千九百十五年之旧，而无所更张，则吾人千九百十六年之生存为赘疣，千九百十六年之历史为重出。故于千九百十六年入岁之初，敢珍重为吾任重道远之青年诸君告也：

自世界言之，此一九一六年以前以后之历史，将灼然大变也欤？欧洲战争，延及世界，胜负之数，日渐明了。德人所失，去青岛及南非洲、太平洋殖民地外，寸地无损：西拒英、法，远离国境；东入俄边，夺地千里；出巴尔干，灭塞尔维亚；德土二京，轨轴相接。德虽悉锐南征，而俄之于东，英法之于西，仅保残喘，莫越雷池。回部之众，倾心于德。印度、波斯、阿拉伯、埃及、摩洛哥，皆突厥旧邦，假以利器，必为前驱。则一九一六年以前英人所据欧、亚往还之要道，若苏彝士，若亚丁，若锡兰，将否折而入于德人之手；英、法、俄所据亚洲之殖民地，是否能保一九一六年以前之状态；一九一六年之世界地图，是否与一九一五年者同一颜色：征诸新旧民族相代之先例，其略可得而知矣。英国政党政治之缺点日益暴露，强迫兵役势在必行。列国鉴于德意志强盛之大原，举全力以为工业化学是务。审此，一九一六年欧洲之形势，军事、政治、学术、思想，新受此次战争之洗礼，必有剧变，大异于前。一九一六年，固欧洲人所珍重视之者也。

自吾国言之，吾国人对此一九一六年，尤应有特别之感情、绝伦之希望。盖吾人自有史以讫[①]一九一五年，于政治，于社会，于道德，于学术，所造之罪孽，所蒙之羞辱，虽倾江、汉不可浣也。当此除旧布新之际，理应从头忏悔，改过自新。一九一五年与一九一六年间，在历史上画一鸿沟之界：自开辟以讫一九一五年，皆以古代史目之，从前种种事，至一九一六年死；以后种种事，自一九一六年生。吾人首当一新其心血，以新人格，以新国家，以新社会，以新家庭，以新民族，必迨民族更新，吾人之愿始偿，吾人始有与晳族周旋之价值，吾人始有食息此大地一隅之资格。青年必怀此希望，始克称其为青年而非老年；青年而欲达此希望，必扑杀诸老年而自重其青年，且必自杀其一九一五年之青年而自重其一九一六年之青年。

一九一六年之青年，其思想动作，果何所适从乎？

第一，自居征服（To Conquer）地位，勿自居被征服（Be Conquered）地位。全体人类中：男子，征服者也；女子，被征服者也。白人，征服者也；非白人，皆被征服者也。极东民族中，蒙、满、日本为征服民族，汉人种为被征服民族。汉人种中，尤以扬子江流域为被征服民族中之被征服民族所生聚。姑苏、江左之良民，其代表也。征服者何？其人好勇斗狠，不为势屈之谓也。被征服者何？其人怯懦苟安，惟强力是从；但求目前生命财产之安全，虽仇敌盗窃，异族阉宦，亦忍辱而服事之、颂扬之，所谓

① 今作“迄”。本篇下文同。

顺民是也。吾人平心思之，倘无此种之劣根性，则予获妄言之咎矣；如其不免焉，自负为一九一六年之男女青年，势将以铁血一洗此浃髓沦肌之奇耻大辱！

第二，尊重个人独立自主之人格，勿为他人之附属品。以一物附属一物，或以一物附属一人而为其所有，其物为无意识者也。若有意识之人间，各有其意识，斯各有其独立自主之权。若以一人而附属一人，即丧其自由自尊之人格，立沦于被征服之女子、奴隶、捕虏、家畜之地位。此白皙人种所以兢兢于独立自主之人格、平等自由之人权也。集人成国，个人之人格高，斯国家之人格亦高；个人之权巩固，斯国家之权亦巩固。而吾国自古相传之道德政治，胥反乎是。儒者三纲之说，为一切道德政治之大原：君为臣纲，则民于君为附属品，而无独立自主之人格矣；父为子纲，则子于父为附属品，而无独立自主之人格矣；夫为妻纲，则妻于夫为附属品，而无独立自主之人格矣。率天下之男女，为臣，为子，为妻，而不见有一独立自主之人者，三纲之说为之也。缘此而生金科玉律之道德名词——曰忠，曰孝，曰节——皆非推己及人之主人道德，而为以己属人之奴隶道德也。人间百行，皆以自我为中心，此而丧失，他何足言？奴隶道德者，即丧失此中心，一切操行，悉非义由己起，附属他人以为功过者也。自负为一九一六年之男女青年，其各奋斗以脱离此附属品之地位，以恢复独立自主之人格！

第三，从事国民运动，勿囿于党派运动。人生而私，不能无党，政治运用，党尤尚焉。兹之非难党见者，盖有二义：

其一，政党政治，将随一九一五年为过去之长物，且不适用于今日之中国也。纯全政党政治，惟一见于英伦，今且不保。英之能行此制者，其国民几皆政党也：富且贵者多属保守党，贫困者非自由党即劳动党。政党殆即国民之化身，故政治运行鲜有隔阂。且其民性深沉，不为已甚，合各党于“巴力门”，国之大政悉决以三 C。所谓三 C 者：第一曰 Contest，党争是也；第二曰 Conference，协商是也；第三曰 Compromise，和解是也。

他国鲜克臻此，吾人尤所难能。政党之岁月尚浅，范围过狭，目为国民中特殊一阶级，而政党自身，亦以为一种之营业。利权分配，或可相容；专利自恣，相攻无已。故曰：政党政治，不适用于今日之中国也。

其二，吾国年来政象，惟有党派运动，而无国民运动也。法兰西之革命，法兰西国民之恶王政与教权也；美利坚之独立，十三州人民之恶苛税也；日本之维新，日本国民之恶德川专政也。是乃法、美、日本国民之运动，非一党一派人之所主张所成就。凡一党一派人之所主张，而不出于多数国民之运动，其事每不易成就，即成就矣，而亦无与于国民根本之进步。吾国之维新也，复古也，共和也，帝政也，皆政府党与在野党之所主张抗斗，而国民若观对岸之火，熟视而无所容心；其结果也，不过党派之胜负，于国民根本之进步必无与焉。

自负为一九一六年之男女青年，其各自勉为强有力之国民，使吾国党派运动进而为国民运动，自一九一六年始。世界政象，少数优秀政党政治，进而为多数优秀国民政治，亦将自一九一六年始。此予敢为吾青年诸君预言者也。

一九一六，一，十五

吾人最后之觉悟

人之生也必有死，固非为死而生，亦未可漠然断之曰为生而生。人之动作必有其的，其生也亦然。洞明此的，斯真吾人最后之觉悟也。世界一切哲学、宗教皆缘欲达此觉悟而起。兹之所论，非其伦也。兹所谓最后之觉悟者，吾人生聚于世界之一隅，历数十年，至于今日，国力文明，果居何等？易词言之，即盱衡内外之大势，吾国吾民，果居何等地位，应取何等动作也。故于发论之先，申立言之旨，为读者珍重告焉。

吾华国于亚洲之东，为世界古国之一，开化日久，环吾境者皆小蛮夷，闭户自大之局成，而一切学术政教悉自为风气，不知其他。魏晋以还，象教流入，朝野士夫，略开异见。然印土自已不振，且其说为出世之宗，故未能使华民根本丕变，资生事之所需也。其足使吾人生活状态变迁而日趋觉悟之途者，其欧化之输入乎？

欧洲输入之文化，与吾华固有之文化，其根本性质极端相反。数百年来，吾国扰攘不安之象，其由此两种文化相触接相冲突者，盖十居八九。凡经一次冲突，国民即受一次觉悟。惟吾人惰性过强，旋觉旋迷，甚至愈觉愈迷，昏聩糊涂，至于今日，综计过境，略分七期：

第一期在有明之中叶，西教西器初入中国，知之者乃极少数之人，亦复惊为“河汉”，信之者为徐光启一人而已。

第二期在清之初世，火器历法，见纳于清帝，朝野旧儒，群起非之，是为中国新旧相争之始。

第三期在清之中世。鸦片战争以还，西洋武力，震惊中土，情见势绌，互市局成，曾、李当国，相继提倡西洋制械练兵之术，于是洋务、西学之名词发现于朝野。当时所争者，在朝则为铁路非铁路问题，在野则为地圆地动地非圆不动问题。今之童稚皆可解决者，而当时之顽固士大夫奋笔鼓舌，哓哓不已，咸以息邪说正人心之圣贤自命。其睡眠无知之状态，当世必觉其可恶，后世只觉其可怜耳！

第四期在清之末季。甲午之役，军破国削，举国上中社会，大梦初觉，稍有知识者，多承认富强之策，虽圣人所不废。康、梁诸人，乘时进以变法之说，耸动国人，守旧党尼之，遂有戊戌之变。沉梦复酣，暗云满布，守旧之见趋于极端，遂积成庚子之役。虽国几不国，而旧势力顿失凭依，新思想渐拓领土，遂由行政制度问题一折而入政治根本问题。

第五期在民国初元。甲午以还，新旧之所争论，康、梁之所提倡，皆不越行政制度良否问题之范围，而于政治根本问题去之尚远。当世所说为新奇者，其实至为肤浅；顽固党当国，并此肤浅者而亦抑之，遂激动一部分优秀国民渐生政治根本问题之觉悟，进而为民主共和君主立宪之讨论。辛亥之役，共和告成，昔日仇视新政之君臣，欲求高坐庙堂从容变法而不可得矣。

第六期则今兹之战役也。三年以来，吾人于共和国体之下，备受专制政治之痛苦。自经此次之实验，国中贤者，宝爱共和之心，因以勃发；厌弃专制之心，因以明确。

吾人拜赐于执政，可谓没齿不忘者矣。然自今以往，共和国体果能巩固无虞乎？立宪政治果能施行无阻乎？以予观之，此等政治根本解决问题，犹待吾人最后之觉悟。此谓之第七期民国宪法实行时代。

今兹之役，可谓为新旧思潮之大激战。浅见者咸以吾人最后之觉悟期之，而不知尚难实现也。何以言之？今之所谓共和、所谓立宪者，乃少数政党之主张，多数国民不见有若何切身利害之感而有所取舍也。盖多数人之觉悟，少数人可为先导，而不可为代庖。共和立宪之大业，少数人可主张，而未可实现。人类进化恒有轨辙可寻，故予于今兹之战役，固不容怀悲观而取卑劣之消极态度，复不敢怀乐观而谓可踌躇满志也。故吾曰：此等政治根本解决问题，不得不待诸第七期吾人最后之觉悟。此觉悟维何？

请为我青年国民珍重陈之：

（一）政治的觉悟

吾国专制日久，惟官令是从。人们除纳税诉讼外，与政府无交涉。国家何物，政治何事，所不知也。积成今日国家危殆之势，而一般商民，犹以为干预政治，非分内之事；国政变迁，悉委诸政府及党人之手；自身取中立态度，若观对岸之火，不知国家为人民公产，人类为政治动物。斯言也，欧美国民多知之。此其所以莫敢侮之也。是为吾人政治觉悟之第一步。

吾人既未能置身政治潮流以外，则开宗明义之第一章，即为决择[①]政体良否问题。古今万国，政体不齐，治乱各别。其拨乱为治者，罔不舍旧谋新，由专制政治趋于自由政治，由个人政治趋于国民政治，由官僚政治趋于自治政治：此所谓立宪制之潮流，此所谓世界系之轨道也。吾国既不克闭关自守，即万无越此轨道逆此潮流之理。进化公例，适者生存。凡不能应四周情况之需求而自处于适宜之境者，当然不免于灭亡。日之与韩，殷鉴不远。吾国欲图世界的生存，必弃数千年相传之官僚的专制的个人政治，而易以自由的自治的国民政治也。是为吾人政治的觉悟之第二步。

所谓立宪政体，所谓国民政治，果能实现与否，纯然以多数国民能否对于政治，自觉其居于主人的主动的地位为唯一根本之条件。自居于主人的主动的地位，则应自进而建设政府，自立法度而自服从之，自定权利而自尊重之。倘立宪政治之主动地位属于政府而不属于人民，不独宪法乃一纸空文，无永久厉行之保障，且宪法上之自由权利，人民将视为不足重轻[②]之物，而不以生命拥护之，则立宪政治之精神已完全丧失矣。是以立宪政治而不出于多数国民之自觉，多数国民之自动，惟日仰望善良政府、贤人政治，其卑屈陋劣，与奴隶之希冀主恩、小民之希冀圣君贤相施行仁

---

① 今作“抉择”。

② 原文如此，意思同“无足轻重”。

政无以异也。古之人希冀圣君贤相施行仁政，今之人希冀伟人大老建设共和宪政，其卑屈陋劣，亦无以异也。夫伟人大老，亦国民一分子，其欲建设共和宪政，岂吾之所否拒？第以共和宪政，非政府所能赐予，非一党一派人所能主持，更非一二伟人大老所能负之而趋。共和立宪而不出于多数国民之自觉与自动，皆伪共和也，伪立宪也，政治之装饰品也，与欧美各国之共和立宪绝非一物。以其于多数国民之思想人格无变更，与多数国民之利害休戚无切身之观感也。是为吾人政治的觉悟之第三步。

（二）伦理的觉悟

伦理思想，影响于政治，各国皆然，吾华尤甚。儒者三纲之说，为吾伦理政治之大原，共贯同条，莫可偏废。三纲之根本义，阶级制度是也。所谓名教，所谓礼教，皆以拥护此别尊卑明贵贱制度者也。近世西洋之道德政治，乃以自由平等独立之说为大原，与阶级制度极端相反。此东西文明之一大分水岭也。

吾人果欲于政治上采用共和立宪制，复欲于伦理上保守纲常阶级制，以收新旧调和之效，自家冲撞，此绝对不可能之事。盖共和立宪制，以独立平等自由为原则，与纲常阶级制为绝对不可相容之物，存其一必废其一。倘于政治否认专制，于家族社会仍保守旧有之特权，则法律上权利平等、经济上独立生产之原则，破坏无余，焉有并行之余地？

自西洋文明输入吾国，最初促吾人之觉悟者为学术，相形见绌[①]，举国所知矣；其次为政治，年来政象所证明，已有不克守缺抱残之势。继今以往，国人所怀疑莫决者，当为伦理问题。此而不能觉悟，则前之所谓觉悟者，非彻底之觉悟，盖犹在惝恍迷离之境。吾敢断言曰：伦理的觉悟，为吾人最后觉悟之最后觉悟。

一九一六，二，十五

① 原文为“拙”，疑误。今依文义改为“绌”。

新青年

青年何为而云新青年乎？以别夫旧青年也。同一青年也，而新旧之别安在？自年龄言之，新旧青年固无以异；然生理上、心理上，新青年与旧青年，固有绝对之鸿沟，是不可不指陈其大别，以促吾青年之警觉。慎勿以年龄在青年时代，遂妄自以为取得青年之资格也。

自生理言之，白面书生，为吾国青年称美之名词。民族衰微，即坐此病。美其貌，弱其质，全国青年，悉秉蒲柳之资，绝无桓武之态。艰难辛苦，力不能堪；青年堕落，壮无能为，非吾国今日之现象乎？且青年体弱，又不识卫生，疾病死亡之率，日以加增。浅化之民，势所必至。倘有精确之统计，示以年表，其必惊心怵目也无疑。

世界各国青年死亡之病因，德国以结核性为最多；然据一九一二年之统计，较三十年前，减少半数。英国以呼吸器病为最多；据今统计，较之十余年前，减少四分之一。日本青年之死亡，以脑神经系之疾为最多；而最近调查，较十年前，减少六分之一。德之立教，体育殊重，民力大张，数十年来，青年死亡率之锐减，列国无与比伦。英、美、日本之青年，亦皆以强武有力相高：竞舟角力之会，野球远足之游，几无虚日，其重视也，不在读书授业之下。故其青年之壮健活泼，国民之进取有为，良有以也。

而我之青年则何如乎？甚者纵欲自戕以促其天年，否亦不过斯斯文文一白面书生耳！年龄虽在青年时代，而身体之强度，已达头童齿豁之期。盈千累万之青年中，求得一面红体壮，若欧美青年之威武陵人者，竟若凤毛麟角。人字吾为东方病夫国，而吾人之少年青年，几无一不在病夫之列，如此民族，将何以图存？吾可爱可敬之青年诸君乎！倘自认为二十世纪之新青年，首应于生理上完成真青年之资格，慎勿以年龄上之伪青年自满也！

更进而一论心理上之新青年何以别夫旧青年乎？充满吾人之神经，填塞吾人之骨髓，虽尸解魂消，焚其骨，扬其灰，用显微镜点点验之，皆各有“做官发财”四大字。做官以张其威，发财以逞其欲。一若做官发财为人生唯一之目的。人间种种善行，凡不利此目的者，一切牺牲之而无所顾惜；人间种种罪恶，凡有利此目的者，一切奉行之而无所忌惮。此等卑劣思维，乃远祖以来历世遗传之缺点（孔门即有干禄之学），与夫社会之恶习，相演而日深。无论若何读书明理之青年、发愤维新之志士，一旦与世周旋，做官发财思想之触发，无不与日俱深。浊流滔滔，虽有健者，莫之能御。人之侮我者，不曰“支那[①]贱种”，即曰“卑劣无耻”。将忍此而终古乎？誓将一雪此耻乎？此责任不得不加诸未尝堕落宅心清白我青年诸君之双肩。彼老者壮者及比诸老者壮者腐败堕落之青年，均无论矣。吾可敬可爱之青年诸君乎！倘自认为二十世纪之新青年，头脑中必斩尽涤绝彼老者壮者及比诸老者壮者腐败堕落诸青年之做官发财思想，精神上别构真实新鲜之信仰，始得谓为新青年而非旧青年，始得谓为真青年而非伪青年。

青年之精神界欲求此除旧布新之大革命，第一当明人生归宿问题。人生数十寒暑耳，乐天者荡，厌世者偷，惟知于此可贵之数十寒暑中，量力以求成相当之人物为归宿者得之。准此以行，则不得不内图个性之发展，外图贡献于其群。岁不我与，时不再来；计功之期，屈指可俟。一切未来之责任，毕生之光荣，又皆于此数十寒暑中之青年时代十数寒暑间植其大本。前瞻古人，后念来者，此身将为何如人，自不应仅以做官求荣为归宿也。

第二当明人生幸福问题。人之生也，求幸福而避痛苦，乃当然之天则。英人边沁氏，幸福论者之泰斗也。举人生乐事凡十余，而财富之乐居

---

① 原文如此。今该词已不再使用。

其一；举人生之痛苦亦十余事，而处分财富之难，即列诸拙劣痛苦之内。审是，金钱虽有万能之现象，而幸福与财富，绝不可视为一物也明矣。幸福之为物，既必准快乐与痛苦以为度，又必兼个人与社会以为量。以个人发财主义为幸福主义者，是不知幸福之为何物也。

吾青年之于人生幸福问题，应有五种观念：一曰毕生幸福，悉于青年时代造其因；二曰幸福内容，以强健之身体、正当之职业、称实之名誉为最要，而发财不与焉；三曰不以个人幸福损害国家社会；四曰自身幸福，应以自力造之，不可依赖他人；五曰不以现在暂时之幸福，易将来永久之痛苦。信能识此五者，则幸福之追求，未尝非青年正当之信仰。若夫沉迷于社会家庭之恶习，以发财与幸福并为一谈，则异日立身处世，奢以贼己，贪以贼人，其为害于个人及社会国家者，宁有纪极！

夫发财本非恶事，个人及社会之生存与发展，且以生产殖业为重要之条件，惟中国式之发财方法，不出于生产殖业，而出于苟得妄取，甚至以做官为发财之捷径，猎官摸金，铸为国民之常识，为害国家，莫此为甚。发财固非恶事，即做官亦非恶事，幸福更非恶事；惟吾人合做官发财享幸福三者以一贯之精神，遂至大盗遍于国中。人间种种至可恐怖之罪恶多由此造成。国将由此灭，种将由此削。吾可敬可爱之青年！倘留此龌龊思想些微于头脑，则新青年之资格丧失无余；因其精神上之龌龊下流，与彼腐败堕落之旧青年无以异也。

予于国中之老者壮者，与夫比诸老者壮者之青年，无论属何社会，隶何党派，于生理上、心理上，十九怀抱悲观，即自身亦在诅咒之列。幸有一线光明者，时时微闻无数健全洁白之新青年，自绝望销沉[①]中唤予以兴起，用敢作此最后之哀鸣！

一九一六，九，一

① 今作“消沉”。

当代二大科学家之思想

英史家嘉莱尔（Carlyle）所造英雄崇拜论，罗列众流，不及科学家，其重要原因盖有二焉：其一，前世纪之上半期，尚未脱十八世纪破坏精神，科学的精密之建设，犹未遑及，世人心目中所拟英雄之标准与今异也；其一①，当时科学趋重局部与归纳，未若综合的演绎的学说足以击刺人心也。二十世纪科学家之自负，与夫时代之要求，与前异趣。诸种科学，蔚然深入。综合诸学之预言的大思想家，势将应时而出。社会组织，日益复杂；人生真相，日渐明了。一切建设，一切救济，所需于科学大家者，视破坏时代之仰望舍身济人之英雄为更迫切。彼应此时代之要求，而崭然露其天才之头角者，于当世科学家中得二人焉：一曰梅特尼廓甫（Metchnikoff），一曰阿斯特瓦尔特（Ostwart）。

梅特尼廓甫

（一）略历

梅特尼廓甫，以一八四五年生于俄罗斯加耳廓甫州。父为陆军士官，母犹太人也。本乡大学卒业后，复游德意志诸大学。归国以一八七〇年，任阿得萨（Odessa）大学动物学教授。居十余年，辞职南游意大利、西细里亚岛（Sicilia），从事地震学之研究者数岁。此数岁中实梅氏最重要之生

① 原文如此。今用法写作“其二”。

涯也。其地濒海，便于无脊动物之研究，因以发见高等动物及人类与无脊动物之血液的关系。一八八四年，更造论发明白血球[①]退治微生物之作用，大为法国巴士特氏（Pasteur）所赞赏。巴氏为近世大化学家、大医家。数年前巴黎某杂志，曾发起投票公认何人为国史中最大英杰，及揭晓时，拿破仑大帝仅居第四位，政治家甘必达（Gambetta）居第三位，第二为文家嚣俄（Hugo），巴氏乃居第一位，其盛名可想。

一八九五年，巴氏招聘梅特尼廓甫为其医学研究所之管理者。巴士特研究所，创始于一八八六年，为各国医学研究所之嚆矢，设备最称完美，得梅氏之管理，盛名益著。巴士特之功，在发见诸种病原。梅特尼廓甫之功，在根绝诸种病原，谋长生久视之术。世多称梅氏继巴氏后，为贡献人类幸福之双星。梅之为人，朴质寡言，贫居巴黎市外，不喜交际；然四方来问学者，无不殷勤接待，详说而曲喻之。数年前曾以研究鼠疫，亲来满洲一游。氏之血统，乃半犹太人，于宗教则为无神论者，于政治则自由主义之人。以此之因，宜其不容于国内。一八八一年亚历山大二世暗杀案起，俄之政潮，日趋剧急。梅特尼廓甫亦以政见得罪皇帝，辞阿得萨而南游，适此时也。

（二）长生说

易从来之实验的治疗法，而从事于组织的研究，穷探病原，施以根本之救治，此现代医学界之大革命也。革命之健将为谁？即梅特尼廓甫是矣。旧式之药剂法，率用人身以外之植物质或矿物质。金鸡纳（Quinine）及水银，尚为比较害少之品，纳此等于胃中，经过各消化机，以达血管，驱杀病菌，此常法也。若现代驱杀病菌之法，率不假外物，即在增多血液中原有之一种消毒素（Antitoxin），血清注射，与以刺戟[②]，其效立见。或

① 今称“白细胞”。本篇下文同。

② 今作“刺激”。本篇下文同。

于马之血液中提取同质之物，愈足补益。白血球退治病菌，亦人身生理自然之作用。梅氏字之曰“食菌细胞”（Phagocyte），取希腊语食（Phagein）、器（Kytos）二字以成之也。盖以白血球周历人身各处寻求食物无已时，自营半独立之生活，若单细胞动物阿米巴（Omiba）然，虽皮肤及硬骨中，亦能羼入。例如皮肤受伤，白血球即时凝集，混于血液，恰若积土成垒，以御敌攻，结合新成之皮肤，保护新生之肉，皆其职也。其或病菌侵入，敌势强大之时，白血球则整队以御之。敌军增多，白血球亦即续发相当之动员令，奋斗求胜，死而后已。战斗酣时，人身遂至发热，用显微镜窥之，战况历历可见。白血球退治有毒之微生物，其效如此，此梅氏初期研究之所得也。

更深讨论之，白血球岂始终杀敌致果，以卫吾人之生命乎？此当然之疑问也。原夫白血球之贪食病菌，非有保卫人体之义务，乃以自身食欲为之动机。有时大敌当前，竟然放弃其作用，必病菌附有阿卜索宁（Opsonium）类之刺戟物，使白血球对之食欲亢进，乃能兴奋其杀敌之精神。据梅特尼廓甫之意见，白血球虽有防卫人身之作用，而身体衰弱时，则变而为强敌。人生之衰老也，精力之消耗也，皆由此贪食之白血球食杀人身神经细胞之故。食毛发之色素，则颁白而变衰。肝肾二脏，被蚀易形。夺取骨骼中之石灰质纳诸血管，一面致骨骼脆弱，一面使动脉变硬，一举而生二害。人生之由壮而老也，半由于病菌之围攻，半由于谋叛者白血球之内应。梅氏研究之结果，曾下有名之定义曰：“人身机关之衰老也，全属微生物之为害，与他病症无异。”又曰：“衰老者，传染的慢性病也。高等部分，日变形而软化。白血球活动过度，亦其重大之原因也。”

夫以衰老为一种病症，且特属微生物为害之结果，则寻流溯源，未必无治疗之法。此梅特尼廓甫所以醉心于长生术之研究也。因此研究而首得之疑问，即大肠之于人身是否需要是矣。盖以大肠中多附诱起病因之微生虫。梅氏直谓大肠为无用之长物，倘施以外科手术，割去或缩短之，未必即有特别之恶影响。由有脊动物解剖之证明，肠之长短与生命之长短成反比例。但梅氏尚未尝以外科手术割去大肠，及用化学消毒之事，惟尽力培养无害之细菌于肠中，以驱逐繁殖有毒之细菌。施此术也，以乳酸菌为最有效，以其有克杀毒菌之功用。

例如肠窒扶斯，乃最易传染之大肠病也。布加利亚人喜用乳酸菌，而此疾稀见。牛肉与乳，其滋养分殆相伯仲。惟肉易腐败，发生有害之分子。乳之味酸而甘，且含有砂糖分，可妨止①腐败细菌之增长。然则牛乳之为物，不徒为人身之滋养品，且可攻克侵入大肠内之毒物也。蒙古与俄属南部，喜食马乳之作品。游牧之民，多嗜凝结之牛乳。埃及与印度边境，牛乳亦为重要之食品。布加利亚人以喜食含有极强度细菌之乳酸闻，而其人之寿逾百岁者，实居多数。文明程度低下，与夫贫乏之人，每多长寿。由此以推，生活简单而应顺自然，亦长寿之条件。依梅氏意见，人之老死，既得其因，复有疗法，长生久视，虽未必遽能实现，而定命固属妄说；人生保寿百年以外，实非异事也。

（三）道德意见

伦理学者所谓利他主义，宗教家所谓博爱主义，非世人目为金科玉律莫敢废置者乎？而梅特尼廓甫氏，乃谓利他博爱非永久不可缺欠之道德，冒危险，供牺牲，舍己济人之善行，当随文明之进步日益减少而至于无。此实梅氏创获之见解，惊倒一世者也。欲明其说之涯略，请举其言曰：

> 人事界之祸害，随文明进步而减少，终至全然消灭，而牺牲之事鲜矣。防疫而有血清法，医生遂无与传染病相战之危险。昔之医生，施义膜性咽喉炎（Diphtheria）患者以手术，不得不舍命为之。余之友人中，少年有望之医生供此牺牲而死者，实繁有徒。今已有义膜性咽喉炎退治血清之发明，即无前此牺牲之必要矣。要之，科学进步，

① 今作“防止”。

即所以杜绝牺牲之道也。

在昔亚布喇哈姆（Abraham 犹太人之祖，见圣书）以宗习信仰牺牲其孤儿。此等高尚行为，其日益稀少而至绝迹乎？自合理的道德言之，此种行为，虽云有赞赏之价值，而究有何所用耶？人人拒绝他人同情之时代，其将至乎？康德以行善为人间纯粹之义务，斯宾塞以助人为人间本能之要求。此等原理，将行于何时何世，吾不得而知也。自理想言之，人各自达于充足之境遇，行善不及于他人，此种社会，其旦暮遇之。（以上见梅氏 The Prolongation of Life，P. 323.）

梅氏眼中之博爱利他主义，不过为应时之道德，非绝对不可离之真理。其破坏博爱利他主义之根底，视尼采为尤甚。盖尼采目博爱利他为不道德之恶劣行为，意过偏激，不合情理，使人未能释然。梅氏之解释个人主义，亦不似尼采猖披过当，令人怀疑也。请更征其言曰：

无论若何社会主义，均不能完全解决社会之生活问题，与夫个人之自由保障。惟人智之进步，乃足使人人之财产自然趋于平均。盖人有智识，深明多藏之害，当然弃其有余。自来生活奢侈者寿命多促，其事至愚。履人生之常道，以简朴严正为生者，往往得最大之幸福。明乎此则富者尚质素之生活，贫者自日趋于顺境。但遗产私有之习惯，未必为根本必无之事。进化非急激而行者，必由种种之努力及新智识之加增，乃有济也。新生产之社会学，导先路者当为其姊生物学。据生物学之所教，凡组织愈复杂者，其个体之意识愈发达，乃至有个体不甘为团体牺牲之患。惟劣等动物，若粘菌[①]，若管状水母等，其个性全然没却于团体之中，然其所牺牲者乃极少。此等动物绝无自个意识故也。营社会生活之羽虫，居劣等动物与人类之中间；有明了

① 今作“黏菌”。

之自个意识者，惟人类而已。故为社会组织之便利计，未可强人以牺牲。敢断言曰：人类社会生活之组织，当以个性之研究为第一义。（以上见 The Prolongation of Life. P. 231.）

由上之言，梅氏道德见解，乃以个人之完全发展，为人类文明进步之大的。博爱利他非究竟义，其说视自来主张个人主义者，设词缓而树义坚矣。然梅氏专主张个人主义，而生平行事，决非绝对利己之人，虽不以博爱利他为究竟义，而所行多博爱利他之事。自表面观之，似为矛盾之见解，其实梅氏乃笃行者而非幻想者，乃科学家而非哲学家，乃不以博爱利他为究竟义，非恶夫博爱利他有害于今之社会也。犹之氏之重身命、说长生，乃乐天家而非厌世家，胡为轻身东来，乐与极酷至险之鼠疫为伍耶？盖其个人精神之伟大，无论若何博施济众，而非以博爱利他为动机也。其重惜生命，乃了解人生存顺殁宁之真正价值。阴暗怯弱之厌世家，固彼所不为，庸懦苟偷之乐天家，亦彼所不取，以矛盾议之者浅矣。

一九一六，九，一

阿斯特瓦尔特

（一）略历

精力说之唱导[①]者阿斯特瓦尔特氏，颜其居曰“精力别墅”（Landhaus Energie）。彼诚精力绝人，名称其实，非若东洋流之名士，戏以雅号佳名自饰也。氏任莱卜兹（Lipzig）大学教授，并同校化学实验室之主任。教

① 今作“倡导”。

学之暇，手著之书，除化学多种外，尚有二十余种。其页数计一万五千八百余。又论文百数十首，页数千六百余。讲演数种，三百余页。介绍学说，三千九百。著作批评，九百有余。此外复担任刊行《物理化学评论》（自一八八七年始）及《科学丛书》（自一八八九年始）。宾客往访，率珍重遇之。有问学者，尤不惜殷勤详答。其精力之强，诚堪惊叹！

氏以一八五三年生于里加（Riga，俄之西北港市）。年二十二，卒业于大学。年二十七，与某女结婚。次年，任里加某工业学校教授。一八八七年，去俄罗斯往德意志，任撒格逊尼（Saxony）王国都中莱卜兹大学教授。时年三十有四。在职十九年，等身著作，大部分成于此时。一九〇六年辞教授之职，移居乡间"精力别墅"，精研哲学，今犹健在，老而益勤。或有以何故弃有用之化学而从事哲学等不生产之学问为质者。阿斯特瓦尔特答曰：

> 公等视哲学为不生产之学问耶？是谬见也。所谓文明者，专门研究之时代，与夫全体综合之时代，互更递进，前世纪乃专门研究时代也，今世纪乃全体综合时代也。余自始即好哲学，然未尝治之者，时代为之也。今其时矣。此余之所以舍莱卜兹而来'精力别墅'也。

氏长于语学之天才，兼精俄、德、英、法各国语及世界语。尝谓各国异语，颇为学术及交通之障碍，遂锐意于世界语之改良及传播。一九〇九年，以化学所得诺倍尔赏金，悉数充作传播世界语之用。然彼对于语学问题，则以为青年学习语学过甚，有伤独创及论理之能力。尝谓尼采之偏见畸行逾越常轨者，乃学习古典语过多之故。奥匈国民之天才罕见者，以其大部分之精力与时间，均消磨于语学之需要耳。

氏之日常生活，喜时时转换其业务。治学倦时，改作绘画。风琴（Piano）、胡弓（Violin），为其长技。青年时代，兼擅诗曲。盖事后消息，先时所营，仍留脑际，必改向性质绝不相同之事物，则血液乃移行作用绝不相同之他部脑髓，前用之部，始获真正之宁息。其毕生事业，亦一事成功，即改营他事，以资休养。此即应用其精力之第二法则也（说见后）。

（二）幸福公式

去今十年前，阿斯特瓦尔特氏，以裁决仍留莱卜兹而任大学教授，抑或退居“精力别墅”而从事哲理家之生活也，遂证明左方[①]之幸福公式，以自白其经验：

$$G = E^2 - W^2$$

此公式中之 G 为幸福（Glück），E 为精力（Energie），W 为逆境（Widerwillig）。盖以人生幸福之大小，视其奋发之精力以为衡。欲享受幸福之一日，不可不一日尽力以劳动；欲享受一生之幸福，不可不尽力劳动以终其生。劳动者，获得幸福之唯一法门也。故无论何人何时，应竭精力之限度，以送其努力奋斗之生涯。就此公式，更进一步而成左之方程式：

$$G = E^2 - W^2 = (E + W)(E - W)$$

幸福之 G，由精力 E 之加增，其量弥大。而缘此所生逆境之 W，其量亦加大。例如亚历山大、拿破仑、罗斯福，其人皆精力雄足，而与之反对之势力，亦甚强大。但彼等幸福之全量，究非吾等意想所及。是曰“英雄的幸福”（Heldenglück）。惟是人间之精力，不尽如罗斯福等，而欲效其奋斗主义之生活，则烦冤痛苦，必非一端。于是所生之幸福，全与罗等殊科。守避世禁欲主义之生活，若希腊哲人狄阿贵内斯（Diogenes）然，印度之“涅槃说”，希腊之“斯托亚学派”［Stoic，雅典哲人齐隆（Zenon）淡泊主义之学派］，皆此类也。夫节精力，避痛苦，乃云山隐者之生活，非有为青年之所宜。是曰“田舍的幸福”（Hüttenglück）。英雄的幸福与田舍的幸福，虽各有其满足之点，而谓为同等之幸福，则不可也；恰如大小二杯，各注以酒，其满足也同，其容量则不同。

---

① 原书竖排，从右至左读，故曰“左方”。本篇下文同。

（三）精力法则

精力论，占阿斯特瓦尔特之学说之重要部分。其师赫克尔以物质（Substanz，或译本质）为其哲学之中枢。阿氏则以精力（Energie，或译势力）为其哲学之主脑。精力之法则有二。其一即一八四二年，马耶（Mayer）所发明之精力常存说是也。其说以为无限空间中，生起一切增象之精力，其状态虽有所变更，其总量则常存而无所增减。例如吾人之购求煤炭也，非求其所燃之炭素[①]，乃求其中能燃之精力。煤之燃也，其炭素与酸素化合而为炭酸加斯，散而为烟，他无所有。吾人所用者，乃燃烧之际，炭素与酸素化合所生之热而已。以此热力故，至令锅内之水，化而为蒸气。水蒸气之膨胀力，异常强大。于是发热精力，一变而为膨胀精力。以此膨胀力故，至令蒸气机关行动。于是膨胀精力，又变而为运动精力。用此力以转动发电机，则运动精力又变而为电气精力。传电燃灯，则电气精力又变为发光精力；以电行车，则电气精力再转而为运动精力。自发热至此，精力之状态，已经过种种变化；而其为力之量，精密计算之，曾不稍有增减。此即常存之说，精力之第一法则也。

然则宇宙间之精力，既常存而无所增减，而以何原因，忽有此良否盛衰万有不齐之现象耶？欲解答此疑问，则不得不求诸精力之第二法则，即阿斯特瓦尔特之精力低行说是也。其说乃谓精力之为物，平行如水，无物激之，时有由高就下之势；低行抵于水平，遂静止而失其作用矣。故引水灌远，必取源于高处。欲转动水车而以水平之水，其必不得水力之效用，复何待言？水之精力，一度效用，则如量低下，复抵水平，此自然之势也。其他精力之作用，悉无异于是。一切精力，莫不由高就低，以保其水平性。精力而不在水平以上，决未有能利用之理由。宇宙者，精力大流之总和也。人间文野之差，乃以酌此大流之浅深为标准耳。

---

① 今作“碳素”。本篇下文同。

例如初民始知用棒，是为文明开发之第一步。因用棒以延长身体之精力，在徒手者之精力水平以上也。次知投石，则文明开发，又进一步。因石能致远，视用棒者之身体精力更增高度也。又其次则发明弓矢舟车，文明更进一步。因其人身体精力之扩充，又在投石者之精力水平以上也。迨近世蒸气、机械、电报、电话、飞机、潜艇之发明，而文明大进。人间精力之伸张，在古人之精力水平以上。此皆利用宇宙间自然常存之精力，而不任其废置低行故也。

今日之世界，非文明的行动，尚有多事。如国际战争及社会中各阶级之冲突，此皆作为无益。精力低行之量，尚属广大。故购求利用精力之法，关系于世界文明，至为紧要矣。此第二法则，影响于哲学社会学者至巨，且视第一法则之精力常存说为优胜。盖前世纪为纯粹科学时代，盛行宇宙机械之说，乃以第一法则为哲学之根基。生物学者赫克尔教授，集其大成。二十世纪将为哲理的科学时代，化学者阿斯特瓦尔特氏，导其先河。置重第二法则，说明生命及社会之现象，且以为未来之预言。法兰西之数学者柏格森氏与之同声相应，非难前世纪之宇宙人生机械说，肯定人间意志之自由，以“创造进化论”为天下倡，此欧洲最近之思潮也。

机械说谓世界之要素二：曰物质，曰运动。万物皆成于原子。原子不可分，而有永久存在性。各原子于一定之时间，以一定之速度，向一定之方向而进行。以此推论，假令各原子遽然中止，且以同前之速度，逆行其进路，则万象悉返前境，将见死者肉其白骨；鬼雄起立战场；败落之果，飞上枝头；已燃之灰，复返为木；世界历史，均次第旧幕重开。此理论将不为机械论者所非难，而亦物理学所容许，然为自然界人事界之所必无。彼怀古笃旧者，正不必耽此迷梦也。是以第一法则，虽为一种不可破之定理，必待第二法则以补其缺憾。生物界之吾人，允当努力以趋无穷向上之途，时时创造，时时进化，突飞猛进，以遏精力之低行，不可误解机械说及因果律以自画也。

（四）效率论

所谓理想的机械者，科学家之恒言也。今世之机械，颇近于理想，而犹未至。由来机械之目的，乃以一种之动作，变生他种之动作是也。理想的机械，最重此义。倘所呈效果，无加于吾人自力之所为，则无机械之必要矣。例如植物为自体生存计，直接受日光之精力与作用。人类及其他动物，未能直接应用太阳之精力，不得不假植物间接以取其由太阳精力所成之食物。因是植物者，不啻为变更日光发射之精力，而为食物化学的精力之机械矣。此二种精力之量，吾人得而测量之。盛夏之际，一亚克（Acker，德国面积名，合英国四八四〇方码）之地，所受日光几何，测其热度而知之；所生之植物，其包含之精力分量几何，燃烧之而测其热度亦知之。就二者精密比较，其结果殊可惊异。盖植物体中所贮之精力，较所受日光之精力，每不及百分之一。虽其生活作用，不无消费，而大部分有用之精力，付之废弃，可断言也。

然则植物者，可谓为极不完全之机械矣。惟其可取之点，乃在植物独力生成，不假人助而收获耳。加以人工，固生产增额，适度耕作之地，较诸天然荒原与夫原始时代之森林，所获自增数倍。然人工备至之地，即极盛之花园，所含藏之精力，较其受诸日光之分量，亦相差甚远。所受精力与所生精力之比例，以术语言之，是曰“效率”。植物之效率最低，以其不能利用所受之精力也。效率最高者，莫如近世之发电机。其所生之电气精力，较所受之机械精力，仅少百分之五。效率之说，本取日常语言，应用于科学，毋宁谓为“善之权衡”（Güteverhältnis）尤觉适当。例如评判豆或麦之善恶，可比量一亚克之产额多寡而知之；又若发电机，其不能利用精力至百分之九五者，则谓之恶发电机矣。道德上善恶之定论，亦同此理。盖世事万端，无一不与精力之变化相关联。道德之事，非在例外。惟是依第一法则，精力决无消亡之理。而机械不良，未能变原料精力为等量之有用精力，其效率遂至不齐，亦系显然之事实。斯二说似有不可调和之疑问。

然第二法则，已足解答此疑问。欲求效率之高，惟在善于利用精力，不令低行已耳，非第一法则之有何谬误也。且发电机所呈之效率，虽只百之九五，而其他五分，决非消灭，乃一部分因磨擦而变热，一部分因电线之抵抗化而为电流；即如植物所利用之太阳精力，虽只百分之一，其余九十九分之热，仍存宇宙间，未尝丝毫消灭，只以机械之良否不齐，遏制精力低行之程度有强弱，斯所呈之效率有高低，非精力之本身有所生灭增减也。有如货币，由甲地汇至乙地，其损失之部分，乃为汇费而非货币之自身。汇兑机关之美恶，非以汇费损失之多寡决之乎？此亦效率高低，可判断道德上善恶之一证也。

夫机械之不完全，为精力效率低下之重大原因，吾人可目为定则矣。而尚有一种谬见，不得不辨明者，即人工机械之不完全，较天然机械尤甚之说是也。今世人为机械之巧夺天工者，不一而足。新器发明，犹日进未已。其所不能者，乃吾人头脑冥顽及熟练不足之罪耳。电气应用于人生，不过百余年以来之事。人间生活，已因此生重大之变更。由现在以测将来，其使吾人精力效率之增高，宁有限度？

科学之兴，产生二果：其一精力之为物，大效用于人间之生活；又其一则原料精力变为有用精力之时，其效率必至增加。在昔以亚里斯多德之明哲，亦以为奴隶制度终无废弃之理。盖希腊、罗马之经济基础，皆建筑于奴隶制度之上。诸大思想家之得以委身学问也，皆奴隶制度之赐。否则一切劳力之事，必躬自为之。但利用牛马风水，以供劳役，无假力于奴隶之必要，距今千余年前，既已发见，此岂亚里斯多德所及料？

由斯以谭[①]，科学智识之增长人间精力效率之高度，其事至明。人间若不幸无此智识，任至何时，亦固守愚昧劣等之生活状态以终。吾人在此种生活状态期间，尚有何等伦理道德之可言乎？古之人胼手胝足，挥汗如

① 〈书〉同“谈”。

雨；今之人劳力极微，惟聚精凝神，安坐以操配电盘与推进机而已。使人间之劳动不同于牛马，科学之功用，自伦理上观之，亦自伟大。

更试就宗教言之，世非仰望基督为持人类和平之使命而来耶？然历史上所生结果，不幸全与之相反。近代之人，对于和平论之伦理的价值，有所怀疑，视古人加甚。今日颇有从事世界之和平运动者（按诺倍尔赏金，亦奖励此种事业。印度达噶尔之获赏，即以其有功于世界之和平运劝，非以其文学也），与其谓为影响于基督之和平教训，宁谓为戒于战争及战争准备浪费巨量精力之故。若工艺，若伦理道德，阿斯特瓦尔特氏，皆以“精力的命令”为贯彻吾人生涯全体之统治权。惟是精力之变更及其效率之增加也，将何道之由耶？曰，是在积极以求机械之改良，消极则以“勿为浪费精力之事”为格言。犹之经济学家，恒以“不生产之消费”为大戒也。经济学贵在以较少之时间与精力，获较多之生产物。阿斯特瓦尔特所著书中亦恒有曰：“汝之劳动，务以极少量原料精力之损失，以成高尚有用之精力。”（按自蒸气机关发明以来，人间时间之节省及精力效率之增加，已属不可思议，而近日欧美人节省时间与精力之法，日异月新，无微不至。例如作书之字母，依声连书，已称便利矣，而尚嫌于每字结束之后，另于t上加横，i上加点，废时耗力，且欲去之，以视吾东洋使用象形文字之民族，其文明进化，一时如何可及！）

一九一六，十一，一

我之爱国主义

伊古以来所谓为爱国者（Patriot），多指为国捐躯之烈士，其所行事，可泣可歌，此宁非吾人所服膺所崇拜？然我之爱国主义则异于是。

何以言之？世之所重于爱国者何哉？岂非以大好河山，祖宗丘墓之所在，子孙食息之所资，画地而守，一群之所托命，此而不爱，非属童昏，即欲效犹太人流离异国，威福任人已耳？故强敌侵入之时，则执戈御侮；独夫乱政之际，则血染义旗。卫国保民，此献身之烈士所以可贵也。

今日之中国，外迫于强敌，内逼于独夫（兹之所谓独夫者，非但专制君主及总统；凡国中之逞权而不恤舆论之执政，皆然），非吾人困苦艰难，要求热血烈士为国献身之时代乎？然自我观，中国之危，固以迫于独夫与强敌，而所以迫于独夫强敌者，乃民族之公德私德之堕落有以召之耳。即今不为拔本塞源之计，虽有少数难能可贵之爱国烈士，非徒无救于国之亡，行见吾种之灭也。

世有疑吾言者乎？试观国中现象，若武人之乱政，若府库之空虚，若产业之凋零，若社会之腐败，若人格之堕落，若官吏之贪墨，若游民盗匪之充斥，若水旱疫病之流行：凡此种种，无一不为国亡种灭之根源，又无一而为献身烈士一手一足之所可救治。外人之讥评吾族，而实为吾人不能不俯首承认者，曰“好利无耻”，曰“老大病夫”，曰“不洁如豕”，曰“游民乞丐国”，曰“贿赂为华人通病”，曰“官吏国”，曰“豚尾客”，曰“黄金崇拜”，曰“工于诈伪”，曰“服权力不服公理”，曰“放纵卑劣”：凡此种种，无一而非亡国灭种之资格，又无一而为献身烈士一手一足之所可救治。

一国之民，精神上，物质上，如此退化，如此堕落，即人不我伐，亦有何颜面、有何权利，生存于世界？一国之民德、民力，在水平线以上者，一时遭逢独夫强敌，国家濒于危亡，得献身为国之烈士而救之，足济于难；若其国之民德、民力，在水平线以下者，则自侮自伐，其招致强敌独夫也，如磁石之引针，其国家无时不在灭亡之数，其亡自亡也，其灭自灭也；即幸不遭逢强敌独夫，而其国之不幸，乃在遭逢强敌独夫以上，反以遭逢强敌独夫，促其觉悟，为国之大幸。

夫所贵乎爱国烈士者，救其国之危亡也，否则何取焉？今其国之危亡也，亡之者虽将为强敌、为独夫，而所以使之亡者，乃其国民之行为与性质。欲图根本之救亡，所需乎国民性质行为之改善，视所需乎为国献身之烈士，其量尤广，其势尤迫。故我之爱国主义，不在为国捐躯，而在笃行自好之士，为国家惜名誉，为国家弭乱源，为国家增实力。我爱国诸青年乎！为国捐躯之烈士，固吾人所服膺、所崇拜，会当其时，愿诸君决然为之，无所审顾；然此种爱国行为，乃一时的而非持续的，乃治标的而非治本的。吾之所谓持续的治本的爱国主义者：

曰勤

《传》曰："民生在勤，勤则不匮。"今日西洋各国国力之发展，无不视经济力为标准。而经济学之生产三要素：曰土地，曰人力，曰资本。夫资本之初源，仍出于土地与人力。土地而不施以人力，仍不得视为财产，如石田童山是也。故人力应视为最重大之生产要素。一社会之人力至者，其社会之经济力必强；一个人之人力至者，其个人之生计，必不至匮乏：此可断言者也。

皙族之勤勉，半由于体魄之强，半由于习惯之善。吾华惰民，即不终朝闲散，亦不解时间上之经济为何事，可贵有限之光阴，掷之闲谈而不惜焉，掷之博弈[①]而不惜焉，掷之睡眠宴饮而不惜焉。西人之与人约会也，恒以何时何分为期，华人则往往约日相见；西人之行路也，恒一往无前，

① 原文作"博奕"。依文义，今作"博弈"。

华人则往往瞻顾徘徊于中道，若无所事事。劳动神圣，皙族之恒言；养尊处优，吾华之风尚。中人之家，亦往往仆婢盈室；游民遍国，乞丐载途。美好丈夫，往往四体不勤，安坐而食他人之食。自食其力，乃社会有体面者所羞为，宁甘厚颜以仰权门之余沥。呜乎[1]！人力废而产业衰，产业衰而国力隳，爱国君子，必尚乎勤！

曰俭

奢侈之为害，自个人言之，贪食渔色，戕害其生，奢以伤廉，堕落人格。吾见夫世之倒行逆施者，非必皆丧心病狂，恒以生活习于奢华，不得不捐耻昧心，自趋陷阱。自国家社会言之，俗尚奢侈，国力虚耗，在昔罗马、西班牙之末路，可为殷鉴。消费之额，不可超过生产，已为经济学之定则。况近世工商业兴，以机械代人力，资本之功用，卓越前世。国民而无贮蓄心，浪费资财于不生产之用途，则产业凋敝，国力衰微，可立而俟。

吾华之贫，宇内仅有。国民生事所需，多仰外品。合之赔款国债，每岁正货流出，穷于计算，若再事奢侈，不啻滴尽吾民之膏血，以为外国工商业纪功之碑增加高度。人人节衣省食，以为国民兴产殖业之基金，爱国君子，何忍而不出此？

曰廉

呜乎！金钱罪恶，万方同慨。然中国人之金钱罪恶，与欧美人之金钱罪恶不同，而罪恶尤甚。以中国人专以造罪恶而得金钱，复以金钱造成罪恶也。但有钱可图，便无恶不作。古人云："文官不爱钱，武官不怕死，则天下治矣。"[2] 不图今之武官，既怕死又复爱钱。若龙济光、张勋辈，岂真有何异志与共和为敌，只以岁蚀军饷数百万，累累者不肯轻弃，遂不恤

---

① 今一般作"呜呼"。本篇下文同。

② 《宋史·岳飞传》原文为："文臣不爱钱，武臣不惜死，天下太平矣。"

倒行逆施耳。袁氏叛国，为之奔走尽力者遍天下，岂有一敬其为人，或真以帝制足以救国者，盖悉为黄金所驱使（严复明白宣言曰：余非帝国派，惟有钱而无不与耳）。袁氏殁，其子辈于白昼众目之下，悉盗公物以去，视彼监守边郡，秘窃宝器者，益无忌惮矣。

夫借债造路，丧失利权，为何等痛心之事，只以图便交通，忍而出此。乃竟有路未寸成，而借款数千万悉入私囊者，人之无良，一至于此！又若金州画界、胶州画界，利敌贿金，蒙蔽溢与，其罪恶更有甚焉！至于革命乃何等高尚之事功，革命党为何等富于牺牲精神之人物，宜不类乎贪吏矣，而恃其师旅之众，强取横夺，满载而归者，所在多有。此外文武官吏，及假口创办实业之奸人，盗取多金，荣归乡里，俨然以巨绅自居者，不可胜数，社会亦优容之而不以为怪。甚至以尊孔尚德之圣人自居者，亦复贪声载道。呜乎！“贪”之一字，几为吾人之通病，此而不知悔改，更有何爱国之可言！

曰洁

西洋人称世界不洁之民族，印度人，朝鲜人，与吾华，鼎足而三。华人足迹所至，无不备受侮辱者，非尽关国势之衰微，其不洁之习惯，与夫污秽可憎之辫发与衣冠，吾人诉之良心而言，亦实足招尤取侮。公共卫生，国无定制；痰唾无禁，粪秽载途。沐浴不勤，臭恶视西人所畜犬马加甚；厨灶不治，远不若欧美厕所之清洁。试立通衢，观彼行众，衣冠整洁者，百不获一，触目皆囚首垢面，污秽逼人，虽在本国人，有不望而厌之者，必其同调；欲求尚洁之皙人不加轻蔑，本非人情。

然此犹属外观之污秽，而其内心之不洁，尤令人言之恐怖。经数千年之专制政治，自秦政以讫[①]洪宪皇帝，无不以利禄奔走天下，吾国民遂沉迷于利禄而不自觉。卑鄙龌龊之国民性，由此铸成。吾人无宗教信仰心，有之则做官耳，殆若欧美人之信耶稣，日本人之尊天皇，为同一之迷信。大小官

① 今作“迄”。

吏，相次依附，存亡荣辱，以此为衡。婢膝奴颜，以为至乐。食力创业，乃至高尚至清洁适于国民实力伸张之美德，而视为天下之至贱，不屑为也。农弃畎亩以充厮役，工商弃其行业以谋差委，士弃其学以求官，驱天下生利之有业者，而为无业分利之游民，皆利禄之见为之也。闻今之北京求官谋事者，数至二十万众。此二十万众中，其多数本已养成无业游民之资格，吾知其少数中未必无富有学识经验之人，可以自力经营相当事业者；而必欲投身宦海，自附于摇尾磕头之列，毋亦利禄之心重，而不知食力创业为可贵也。不能食力者，必食他人之食；不思创业者，自绝生利之途。民德由之堕落，国力由之衰微。此于一群之进化，关系匪轻，是以爱国志士，宜使身心俱洁。

曰诚

浮词夸诞，立言之不诚也；居丧守节，道德之不诚也；时亡而往拜，圣人之不诚也。吾人习于不诚也久矣。以近事言之，袁氏之称帝也，始终表里坚持赞成反对者，吾皆敬其为人；乃有分明心怀反对者也，而表面竟附赞成之列。朝犹劝进，夕举义旗，袁氏不德，固应受此揶揄，而国民之诈伪不诚，则已完全暴露。其上焉者谓为从权以伺隙，其下焉者诡曰逢恶以速其亡。吾心固反对帝制者也，不知若略迹论心，即筹安六人，去杨、刘外，何尝有一人诚心赞成帝制？惟其非诚心赞成而赞成之者，其人格远在诚心赞成而赞成之者之下：明知故犯，其罪加等！此何等事，而云从权逢恶，则一旦强敌压境夺国，不知其从权逢恶也，更演何丑态，作何罪孽？此外人所以谓法兰西革命为悲剧的革命，而华人革命乃滑稽剧也。

若张勋、倪嗣冲、陈宧、汤芗铭、龙济光、张作霖、王占元辈，本诚心赞成帝制者也，乃袁势一去，或叛袁独立，或仍就共和政府之军职，视昔之称扬帝制痛骂共和也，前后竟若两人。孙毓筠非供奉洪宪皇帝之御容，称以今上圣主万岁者乎？乃帝制取销[①]时，与其友书，竟有袁逆之称。

① 今作“取消”。

其他请愿劝进之妄人，今又复正襟厉色以言民权共和者，滔滔皆是。反覆[①]变诈，一至于斯，诚不知人间有羞耻事也！呜呼！不诚之民族，为善不终，为恶亦不终。吾见夫国中多乐于为恶之人，吾未见有始终为恶之硬汉。诈伪圆滑，人格何存？吾愿爱国之士，无论维新守旧，帝党共和，皆本诸良心之至诚，慎厥终始，以存国民一线之人格。

曰信

人而无信，不独为道德之羞，亦且为经济之累。政府无信，则纸币不行，内债难得，其最大之恶果，为无人民信托之国家银行，金融大权操诸外人之手。人民无信，则非独资无由创业。当此工商发达时代，非资本集合，必不适于营业竞争。而吾国人之视集资创业也，不啻为骗钱之别名。由是全国资金皆成死物，绝无流通生长之机缘。以视欧美人之资财，衣食之余，悉贮之银行，经营产业，息息流通，递加生长也。其社会金融之日就枯竭，殆与人身之血不流行，坐待衰萎以死同一现象。是故民信不立，国之金融，决无起死回生之望。政府以借债而存，人民以盗窃而活，由贫而弱，由弱而亡，讵不滋痛！

之数德者，固老生之常谈，实救国之要道。人或以为视献身义烈为迂远，吾独以此为持续的治本的真正爱国之行为。盖今世列强并立，皆挟其全国国民之德智力以相角，兴亡之数，不待战争而决。其兴也有故，其亡也有由。唯其亡之已有由矣，虽有为国献身之烈士，亦莫之能救。故今世爱国之说与古不同，欲爱其国使立于不亡之地，非睹其国之亡始爱而殉之也。夫国亡身殉，其义烈固自可风，若严格论之，自古以身殉国者，未必人人皆无制造亡国原因之罪。故爱其国使立于不亡之地，爱国主义，莫隆于斯。

一九一六，十，一

---

① 今作“反复”。

驳康有为致总统总理书

南海康有为先生，为吾国近代先觉之士，天下所同认。吾辈少时，读八股，讲旧学，每疾视士大夫习欧文谈新学者，以为皆洋奴，名教所不容也。前读康先生及其徒梁任公之文章，始恍然于域外之政教学术，粲然可观，茅塞顿开，觉昨非而今是。吾辈今日得稍有世界知识，其源泉乃康、梁二先生之赐。是二先生维新觉世之功，吾国近代文明史所应大书特书者矣。

厥后任公先生且学且教，贡献于国人者不少，而康先生则无闻焉。不谓辛亥以还，且于国人流血而得之共和，痛加诅咒。《不忍》杂志，不啻为筹安会导其先河。天下之敬爱先生者，无不为先生惜之！

中国帝制思想，经袁氏之试验，或不至死灰复燃矣，而康先生复于别尊卑，重阶级，事天尊君，历代民贼所利用之孔教，锐意提倡，一若惟恐中国人之“帝制根本思想”或至变弃也者。近且不惜词费，致书黎、段二公，强词夺理，率肤浅无常识，识者皆目笑存之，本无辨驳[①]之价值。然中国人脑筋不清，析理不明，或震其名而惑其说，则为害于社会思想之进步也甚巨，故不能已于言焉。

惟是康先生虽自夸“三周大地，游遍四洲，经三十国，日读外国之书”，然实不通外国文，于外国之论理学、宗教史、近代文明史、政治史，所得甚少，欲与之析理辨难[②]，知无济也。

---

① 今作“辩驳”。

② 今作“辩难”。

曷以明其然哉？原书云："今万国之人，莫不有教，惟生番野人无教。今中国不拜教主，岂非自认为无教之人乎？则甘认与生番野人等乎？"按台湾生番及内地苗民，迷信其宗教，视文明人尤笃。则人皆有教，生番野人无教之大前提已误。不拜教主，且仅指不拜孔子，竟谓为无教之人乎？则不拜教主即为无教之小前提又误。大小前提皆误，则中国人无教与生番野人等之断案，诉诸论理学，谓为不误，可乎？是盖与孟子"无父无君，是禽兽也"之说同一谬见。故知其不通论理学也。

欧美宗教，由"加特力教"（Catholicism）一变而为"耶稣新教"（Protestantism），再变而为"唯一神教"（Unitarianism），教律宗风，以次替废。"唯一神教"但奉真神，不信三位一体之说，斥教主灵迹为惑世之诬言，谓教会之仪式为可废：此稍治宗教史者所知也。德之倭根，法之柏格森，皆当今大哲，且信仰宗教者也（倭根对于一切宗教皆信仰，非只基督教已也）；其主张悉类"唯一神教派"，而主教之膜拜、教会之仪式，尤所蔑视。审是，西洋教宗，且已由隆而之杀。吾华宗教，本不隆重，况孔教绝无宗教之实质（宗教实质，重在灵魂之救济，出世之宗也。孔子不事鬼，不知死，文行忠信，皆入世之教，所谓性与天道，乃哲学，非宗教）与仪式，是教化之教，非宗教之教。乃强欲平地生波，惑民诬孔，诚吴稚晖[①]先生所谓"凿孔栽须"者矣！

君权与教权，以连带之关系，同时削夺，为西洋近代文明史上大书特书之事。信教自由，已为近代政治之定则。强迫信教，不独不能行之本国，且不能施诸被征服之属地人民。其反抗最烈、影响最大者，莫如英国之"清教徒"，以不服国教专制之故，不惜移住美洲，叛母国而独立。康先生蔑视佛、道、耶、回之信仰，欲以孔教专利于国中，吾故知其所得于近世文明史、政治史之知识必甚少也。然此种理论，必为康先生所不乐闻，即闻之而不平心研究，则终亦不甚了了。吾今所欲言者，乃就原书中

---

① 原文作"吴稚辉"，当误。今改为"吴稚晖"。

指陈其不合事实、缺少常识、自相矛盾之言，以告天下，以质之康先生。

康先生电请政府拜孔尊教，南北报纸，无一赞同者；国会主张删除宪法中尊孔条文，内务部取消拜跪礼节，南北报纸，无一反对者。而原书一则曰“当道措施，殊有令国人骇愕者”，再则曰“国务有司所先行，在禁拜圣令，天下骇怪①笑骂”！吾知夫骇愕笑骂者，康先生外宁有几人？乌可代表国人，厚诬天下？此不合事实者一也。

欧洲“无神论”之哲学，由来已久，多数科学家皆指斥宗教之虚诞，况教主耶？今德国硕学赫克尔，其代表也。“非宗教”之声，已耸动法兰西全国，即尊教信神之“唯一神教派”，亦于旧时教义教仪，多所唾弃。而原书云：“数千年来，无论何人何位，无有敢议废拜教主之礼、黜教主之祀者。”不知何所见而云然？此不合事实者二也。

吾国四万万人，佛教信者最众。其具完全宗教仪式者，耶、回二教，遍布国中，数亦匪鲜。而原书云：“四万万人民犹在也，而先自弃其教，是谓无教。”又云：“今以教主孔子之神圣，必黜绝而力攻之，是导其民于无教也。”以不尊孔即为无教，此不合事实者三也。

原书命意设词，胥乏常识，其中最甚者，莫若袭用古人极无常识之套语：曰，以《春秋》折狱；曰，以《三百篇》作谏书；曰，以《易》通阴阳；曰，以《中庸》传心；曰，以《孝经》却贼；曰，以《大学》治鬼；曰，以半部《论语》治天下。吾且欲为补一言，曰，以《禹贡》治水，谅为先生所首肯！

夫《春秋》之所口诛笔伐者，乱臣贼子也；今有狱于此，首举叛旗，倾覆清室者，即原书所称“缁衣好贤宵旰忧劳”之今大总统，不知先生将何以折之？（辛亥义师起，康先生与其徒徐勤书，称之曰贼曰叛，当不许以种族之故，废孔教之君臣大义也）所谓以《大学》治鬼者，未审与说部

① 原文如此。依上下文义，当作“骇愕”。

“绿野仙踪”所载齐贡生之伎俩如何？所谓半部《论语》治天下，不识“民可使由之，不可使知之”，“天下有道，则庶人不议”等语，是否在此半部中也？

鸣乎[①]！先生休矣！先生硁硁以为议院、国务院无擅议废拜废祀之权，一面又乞灵议院以“以孔子为大教，编入宪法，要求政府”，“明令保守府县学宫及祭田，皆置奉祀官”（以上皆原书语）。夫无权废之，何以有权兴之？

然此犹矛盾之小者也。孔教与帝制，有不可离散之因缘；若并此二者而主张之，无论为祸中国与否，其一贯之精神，固足自成一说。不图以曾经通电赞成共和之康先生，一面又推尊孔教；既推尊孔教矣，而原书中又期以“不与民国相抵触者，皆照旧奉行”。主张民国之祀孔，不啻主张专制国之祀华盛顿与卢梭，推尊孔教者而计及抵触民国与否？是乃自取其说而根本毁之耳，此矛盾之最大者也！

吾最后尚有一言以正告康先生曰：吾国非宗教国，吾国人非印度、犹太人，宗教信仰心由来薄弱。教界伟人，不生此土，即勉强杜撰一教宗，设立一教主，亦必无何等威权，何种荣耀。若虑风俗人心之漓薄，又岂干禄作伪之孔教所可救治？古人远矣！近代贤豪，当时耆宿，其感化社会之力，至为强大；吾民之德弊治污，其最大原因，即在耳目头脑中无高尚纯洁之人物为之模范，社会失其中枢，万事循之退化（法国社会学者孔特，谓人类进化由其富于模仿性，英雄硕学，乃人类社会之中枢，资其模仿者也）。若康先生者，吾国之耆宿，社会之中枢也，但务端正其心，廉洁其行，以为小子后生之模范，则裨益于风俗人心者，至大且捷，不必远道乞灵于孔教也。

一九一六，十，一

① 今一般作“呜呼”。

宪法与孔教

“孔教”本失灵之偶像，过去之化石，应于民主国宪法不生问题。只以袁皇帝干涉宪法之恶果，天坛草案，遂于第十九条，附以尊孔之文，敷衍民贼，致遗今日无谓之纷争。然既有纷争矣，则必演为吾国极重大之问题。其故何哉？盖孔教问题不独关系宪法，且为吾人实际生活及伦理思想之根本问题也。

余尝谓“自西洋文明输入吾国，最初促吾人之觉悟者为学术，相形见绌，举国所知矣。其次为政治。年来政象所证明，已有不克守缺抱残之势。继今以往，国人所怀疑莫决者，当为伦理问题。此而不能觉悟，则前此之所谓觉悟者，非彻底之觉悟，盖犹在惝恍迷离之境。”（见《吾人最后之觉悟》）盖伦理问题不解决，则政治学术，皆枝叶问题。纵一时舍旧谋新，而根本思想未尝变更，不旋踵而仍复旧观者，此自然必然之事也。

孔教之精华曰礼教，为吾国伦理政治之根本。其存废为吾国早当解决之问题，应在国体宪法问题解决之先。今日讨论及此，已觉甚晚。吾国人既已纷纷讨论，予亦不得不附以赘言。

增进自然界之知识，为今日益世觉民之正轨。一切宗教，无裨治化，等诸偶像，吾人可大胆宣言者也。今让一步言之，即云浅化之民，宗教在所不废，然通行吾国各宗教，若佛教教律之精严，教理之高深，岂不可贵？又若基督教尊奉一神，宗教意识之明了，信徒制行之清洁，往往远胜于推尊孔教之士大夫。今蔑视他宗，独尊一孔，岂非侵害宗教信仰之自由乎？（所谓宗教信仰自由者，任人信仰何教，自由选择，皆得享受国家同等之待遇，而无所歧视。今有议员王谢家建议，以为倘废祀孔，乃侵害人民信教之自由，其言实不可解。国家未尝祀佛、未尝祀耶，今亦不祀孔，平等待遇，正所谓尊重信教自由，何云侵害？盖王君目无佛、耶，只知有孔，未尝梦见信教自由之为何物也）

今再让一步言之。或云佛、耶二教，非吾人固有之精神，孔教乃中华之国粹。然旧教九流，儒居其一耳。阴阳家明历象，法家非人治，名家辨名实，墨家有兼爱节葬非命诸说、制器敢战之风，农家之并耕食力：此皆国粹之优于儒家孔子者也。今效汉武之术，罢黜百家，独尊孔氏，则学术思想之专制，其湮塞人智，为祸之烈，远在政界帝王之上。

今再让一步言之。或谓儒教包举百家，独尊其说，乃足以化民善俗。夫非人是己，宗风所同。使孔教会仅以私人团体立教于社会，国家固应予以与各教同等之自由。使仅以"孔学会"号召于国中，尤吾人所赞许（西人于前代大哲，率有学会以祀之）。今乃专横跋扈，竟欲以四万万人各教信徒共有之国家，独尊祀孔氏；竟欲以四万万人各教信徒共有之宪法，独规定以孔子之道为修身大本。呜呼！以国家之力强迫信教，欧洲宗教战争，殷鉴不远。即谓吾民酷爱和平，不至激成战斗，而实际生活，必发生种种擅扰不宁之现象（例如假令定孔教为国教，则总统选举法及官吏任用法，必增加异教徒不获当选一条，否则异教徒之为总统官吏者，不祀孔则违法，祀孔则叛教，无一是处。又如学校生徒之信奉佛、道、耶、回各教者，不祀孔则违背校规，祀孔则毁坏其信仰，亦无一是处），去化民善俗之效也远矣。

以何者为教育大本，万国宪法，无此武断专横之规定。而孔子之道适宜于民国教育精神与否，犹属第二问题。盖宪法者，全国人民权利之保证书也，决不可杂以优待一族一教一党一派人之作用。以今世学术思想之发达，无论集硕学若干辈，设会讨论教育大本，究应以何人学说为宗，吾知其未敢轻决而著书宣告于众。况挟堂堂国宪，强全国之从同，以阻思想信仰之自由，其无理取闹，宁非奇谈！

凡兹理由，俱至明浅，稍有识者皆知之，此时贤之尊孔者，所以不以孔教为宗教者有之，以为宗教而不主张假宪法以强人信从者有之。此派之尊孔者，虽无强人同己之恶习，其根本见解，予亦不敢盲从。故今所讨论者，非孔教是否宗教问题，且非但孔教可否定入宪法问题，乃孔教是否适宜于民国教育精神之根本问题也。此根本问题，贯彻于吾国之伦理政治社会制度日常生活者，至深且广，不得不急图解决者也。欲解决此问题，宜单刀直入，肉薄问题之中心。

其中心谓何？即民国教育精神果为何物，孔子之道又果为何物，二者是否可以相容是也。

西洋所谓法治国者，其最大精神，乃为法律之前人人平等，绝无尊卑贵贱之殊。虽君主国亦以此为主宪之正轨，民主共和益无论矣。然则共和国民之教育，其应发挥人权平等之精神，毫无疑义。复次欲知孔子之道，果为何物。此主张尊孔与废孔者，皆应有明了之概念，非可笼统其词以为褒贬也。

今之尊孔者，率分甲乙二派：甲派以三纲五常为名教之大防，中外古今，莫可逾越，西洋物质文明，固可尊贵，独至孔门礼教，固彼所未逮。此中国特有之文明，不可妄议废弃者也。乙派则以为三纲五常之说，出于纬书，宋儒盛倡之，遂酿成君权万能之末弊，原始孔教，不如是也。持此说之最有条理者，莫如顾实君，谓宋以后之孔教，为君权化之伪孔教；原始孔教，为民间化之真孔教。三纲五常，属于伪孔教范畴，取司马迁之说，以四教（文，行，忠，信）、四绝（毋意，毋必，毋固，毋我）、三慎（齐，战，疾）为原始之真孔教范畴（以上皆顾实君之说，详见第二号《民彝》杂志《社会教育及共和国魂之孔教论》）。愚则宁是甲而非乙也。

三纲五常之名词，虽不见于经，而其学说之实质，非起自两汉、唐宋以后，则不可争之事实也。教忠（忠有二义：一对一切人，一对于君。与孝并言者，必为对君之忠可知），教孝［吴稚晖先生谓孝为古人用爱最挚之一名词，非如南宋以后人之脑子，合忠孝为一谈，一若言孝，而有家庭服从之组织隐隐寓之于中；又云孝之名即不存，以博爱代之：父与父言博爱，慈矣；子与子言博爱，孝矣。（以上见十月九日《中华新报》：《说孝》）。倘认人类秉有相爱性，何独无情于骨肉？吴先生以爱代孝之说尚矣。惟儒教之言孝，与墨教之言爱，有亲疏等差之不同，此儒墨之鸿沟，孟氏所以斥墨为无父也。吴先生之言，必为墨家所欢迎，而为孔孟所不许。父母死三年，尚无改其道，何论生存时家庭服从之组织？儒教莫要于礼，礼莫重于祭，祭则推本于孝。（《祭统》云：“凡治人之道，莫急于礼。礼有五经，莫重于祭。”又云：“祭者，所以追养继孝也。”）儒以孝为人类治化之大原，何只与忠并列？《祭统》云：“忠臣以事其君，孝子以事其亲，其本一也。”《孝经》云：“资于事父以事君而敬同。”又云：“孝莫大于严父。”又云：“父母之道，天性也，君臣之义也。”又云：“要君者无上，非圣人者无法，非孝者无亲，此大乱之道也。”审是，忠孝并为一谈，非始于南宋，乃孔门立教之大则也。吴先生所云，毋乃犹避腐儒非古侮圣之讥也欤?〕教从（《郊特牲》曰：“妇人，从人者也：幼则父兄，嫁则从夫，夫死从子”），非皆片面之义务，不平等之道德，阶级尊卑之制度，三纲之实质也耶？“不仕无义，长幼之节，不可废也，君臣之义，如之何其废之”；“挞之流血，起敬起孝”；“妇人者，伏于人者也”；“夫不在，敛枕箧簟席襡，器而藏之”。此岂宋以后人尊君尊父尊男尊夫之语耶？纬书，古史也，可以翼经，岂宋后之著作？董仲舒、马融、班固，皆两汉大儒。董造《春秋繁露》，马注《论语》，班辑《白虎通》，皆采用三纲之说。朱子不过沿用旧义，岂可独罪宋儒?

愚以为三纲说不徒非宋儒所伪造，且应为孔教之根本教义。何以言之？儒教之精华曰礼。礼者何?《坊记》曰：“夫礼者，所以章疑别微，以为民坊者也。故贵贱有等，衣服有别。”又曰：“天无二日，土无二王，家无二主，尊无二上。示民有君臣之别也。”《哀公问》曰：“民之所由生，礼为大：非礼无以节事天地之神也，非礼无以辨君臣上下长幼之位也。”《曲礼》曰：“夫礼者，所以定亲疏，决嫌疑，别同异，明是非也。”又曰：

“君臣上下，父子兄弟，非礼不定。”《礼运》曰：“礼者，君之大柄也。”《礼器》曰：“礼之近人情者，非其至者也。”《冠义》曰：“责成人礼焉者，将责为人子，为人弟，为人臣，为人少者之礼行焉。”是皆礼之精义。（晏婴所讥盛容繁饰，登降之礼，趋详之节，累世不能殚其学，当年不能究其礼，此犹属仪文之末）尊卑贵贱之所由分，即三纲之说之所由起也。[三纲之义，乃起于礼别尊卑，始于夫妇，终于君臣，共贯同条，不可偏废者也。今人欲偏废君臣，根本已摧，其余二纲，焉能存在？浏阳李女士主张夫妻平等，以为无伤于君父二纲（见本年第五号《妇女杂志》社说），是皆不明三纲一贯之根本精神之出于礼教也]

此等别尊卑明贵贱之阶级制度，乃宗法社会封建时代所同然，正不必以此为儒家之罪，更不必讳为原始孔教之所无。愚且以为儒教经汉、宋两代之进化，明定纲常之条目，始成一有完全统系之伦理学说。斯乃孔教之特色，中国独有之文明也。若夫温良恭俭让信义廉耻诸德，乃为世界实践道德家所同遵，未可自矜特异，独标一宗者也。

使今犹在闭关时代，而无西洋独立平等之人权说以相较，必无人能议孔教之非。即今或谓吾华贱族，与晳人殊化，未可强效西颦，愚亦心以为非而口不能辨[1]。惟明明以共和国民自居，以输入西洋文明自励者，亦于与共和政体西洋文明绝对相反之别尊卑明贵贱之孔教，不欲吐弃，此愚之所大惑也。以议员而尊孔子之道，则其所处之地位，殊欠斟酌；盖律以庶人不议，则代议政体，民选议院，岂孔教之所许？（《礼运》所谓天下为公，选贤与能，乃指唐虞之世，君主私相禅授而言。略类袁氏“金匮石室”制度。与今世人民之有选举权，绝不同也）以宪法而有尊孔条文，则其余条文，无不可废。盖今之宪法，无非采用欧制，而欧洲法制之精神，无不以平等人权为基础。吾见民国宪法草案百余条，其不与孔子之道相抵触者盖几希矣，其将何以并存之？

---

① 今作“辩”。

吾人倘以为中国之法、孔子之道，足以组织吾之国家，支配吾之社会，使适于今日竞争世界之生存，则不徒共和宪法为可废，凡十余年来之变法维新，流血革命，设国会，改法律（民国以前所行之大清律，无一条非孔子之道），及一切新政治、新教育，无一非多事，且无一非谬误，应悉废罢，仍守旧法，以免滥费吾人之财力。万一不安本分，妄欲建设西洋式之新国家，组织西洋式之新社会，以求适今世之生存，则根本问题，不可不首先输入西洋式社会国家之基础，所谓平等人权之新信仰，对于与此新社会新国家新信仰不可相容之孔教，不可不有彻底之觉悟、猛勇之决心，否则不塞不流，不止不行！

一九一六，十一，一

孔子之道与现代生活

甲午之役，兵破国削，朝野惟外国之坚甲利兵是羡，独康门诸贤，洞察积弱之原，为贵古贱今之政制学风所致，以时务知新主义，号召国中。尊古守旧者，觉不与其旧式思想、旧式生活状态相容，遂群起哗然非之，詈为离经畔[①]道，名教罪人。湖南叶德辉所著《翼教丛篇》，当时反康派言论之代表也。吾辈后生小子，愤不能平，恒于广座为康先生辨护[②]，乡里瞀儒，以此指吾辈为康党，为孔教罪人，侧目而远之。

戊戌庚子之际，社会之视康党为异端，为匪徒也（其时张勋等心目中之康有为，必较今日之唐绍仪尤为仇恶也），与辛亥前之视革命党相等。张之洞之《劝学篇》，即为康党而发也。张氏亦只知歆羡坚甲利兵之一人，而于西洋文明大原之自由平等民权诸说，反复申驳，谓持此说者为“自堕污泥”（《劝学篇》中语），意在指斥康、梁，而以息邪说正人心之韩愈、孟轲自命也。未开化时代之人物之思想，今日思之，抑何可笑，一至于斯！

不图当日所谓离经畔道之名教罪人康有为，今亦变而与夫未开化时代之人物之思想同一臭味。其或自以为韩愈、孟轲，他人读其文章，竟可杂诸《翼教丛篇》《劝学篇》中而莫辨真伪。康先生欲为韩愈、孟轲乎？然此荣誉当让诸当代卫道功臣叶德辉先生。叶先生见道甚早，今犹日夜太息痛恨邪说之兴：兴于康有为，而莫可息；人心之坏，坏于康有为，而莫可

---

① 〈古〉同“叛”。本篇下文同。

② 今作“辩护”。

正；居恒欲手刃其人，以为畔道离经者戒。康先生闻之，能勿汗流浃背沾衣耶？

或谓“叶、康皆圣人之徒，能予人以自新，康既悔过自首，叶必嘉其今是而赦其昨非”。此说然否，吾无所容心焉。盖康先生今日应否悔过尊从[1]孔教问题，乃其个人信仰之自由，吾人可置之不论不议之列。吾人所欲议论者，乃律以现代生活状态，孔子之道是否尚有尊从之价值是也。

自古圣哲之立说，宗教属出世法，其根本教义，不易随世间差别相而变迁，故其支配人心也较久。其他世法诸宗，则不得不以社会组织生活状态之变迁为兴废。一种学说，可产生一种社会；一种社会，亦产生一种学说。影响复杂，随时变迁。其变迁愈复杂而期间愈速者，其进化之程度乃愈高。其欲独尊一说，以为空间上人人必由之道，时间上万代不易之宗，此于理论上决为必不可能之妄想，而事实上惟于较长期间不进化之社会见之耳。若夫文明进化之社会，其学说之兴废，恒时时视其社会之生活状态为变迁。故欧美今日之人心，不但不为其古代圣人亚里斯多德所拘囚，且并不为其近代圣人康德所支配。以其生活状态有异于前也。

即以不进化之社会言之，其间亦不无微变。例如吾辈不满于康先生，而康先生曾亦不满于张之洞与李鸿章，而张之洞、李鸿章亦曾不满于清廷反对铁路与海军之诸顽固也。宇宙间精神物质，无时不在变迁即进化之途。道德彝伦，又焉能外？“顺之者昌，逆之者亡”，史例具在，不可谓诬。此亦可以阿斯特瓦尔特之说证之：一种学说，一种生活状态，用之既久，其精力低行至于水平，非举其机械改善而更新之，未有不失其效力也。此“道与世更”之原理，非稽之古今中外而莫能破者乎？

试更以演绎之法，推论孔子之道，实证其适用于现代与否，其断论可得而知之矣。康先生前致总统总理书，以孔教与婆、佛、耶、回并论，其主张以“孔子为大教，编入宪法”，是明明以孔教为宗教之教，而欲尊为

① 原文如此。当指“尊重服从”。本篇下文同。

国教矣。今观其与教育范总长书（见《国是报》），乃曰："孔子之经，与佛、耶之经有异：佛经皆出世清净之谈，耶经只尊天养魂之说，其于人道举动云为，人伦日用，家国天下，多不涉及，故学校之不读经无损也。若孔子之经，则于人身之举动云为，人伦日用，家国天下，无不纤悉周匝，故读其经者，则于人伦日用，举动云为，家国天下，皆有德有礼，可持可循。故孔子之教，乃为人之道。故曰：'道不远人。人之为道而远人，不可以为道。'若不读经，则于人之一身，举动云为，人伦日用，家国天下，皆不知所持循。"是又明明不以孔教为出世养魂之宗教而谓为人伦日用之世法矣。

余以康先生此说诚得儒教之真，不似前之宗教说厚诬孔子也。惟是依道与世更之原理，世法道德必随社会之变迁为兴废，反不若出世远人之宗教不随人事变迁之较垂久远（康先生与范书，极称西洋尊教诵经之盛，不知正以其为出世远人之宗教则尔也，今亦已稍稍杀矣）。康先生意在尊孔，以为日用人伦之道，必较宗教之迂远，足以动国人之信心，而不知效果将适得其反。盖孔教不适现代日用生活之缺点，因此完全暴露，较以孔教为宗教者尤为失败也。

现代生活，以经济为之命脉，而个人独立主义，乃为经济学生产之大则，其影响遂及于伦理学。故现代伦理学上之个人人格独立，与经济学上之个人财产独立，互相证明，其说遂至不可摇动；而社会风纪，物质文明，因此大进。中土儒者，以纲常立教。为人子为人妻者，既失个人独立之人格，复无个人独立之财产。父兄畜其子弟（父兄养成年之子弟，伤为父兄者之财产也小，伤为子弟者之独立人格及经济能力也大。儒教慈孝悌并称，当然终身相养而不以为怪），子弟养其父兄（人类相爱互助之谊，何独忍情于父兄？况养亲报恩，乃情理之常。惟以伦理见解，不论父兄之善恶，子弟之贫富，一概强以孝养之义务不可也）。《坊记》曰："父母在，不敢有其身，不敢私其财。"此甚非个人独立之道也。康先生与范书，引"鳏寡孤独有所养"，"我不欲人之加诸我也，吾亦欲无加诸人”等语，谓为个人独立之义，孔子早已有之。此言真如梦呓！夫不欲人我相加，虽为群己间平等自由之精义，然有孝悌之说以相消，则自由平等只用之社会，而不能行之于家庭。人格之个人独立既不完全，财产之个人独立更不相涉。鳏寡孤独有所养之说，适与个人独立之义相违。西洋个人独立主义，乃兼伦理、经济二者而言，尤以经济上个人独立主义为之根本也。

现代立宪国家，无论君主共和，皆有政党。其投身政党生活者，莫不发挥个人独立信仰之精神，各行其是：子不必同于父，妻不必同于夫。律以儒家教孝教从之义——父死三年，尚不改其道；妇人从父与夫，并从其子——岂能自择其党，以为左右袒耶？

妇人参政运动，亦现代文明妇人生活之一端。律以孔教，“妇人者，伏于人者也”“内言不出于阃”“女不言外”之义，妇人参政岂非奇谈？西人孀居生活，或以笃念旧好，或尚独身清洁之生涯，无所谓守节也。妇人再醮，决不为社会所轻（美国今大总统威尔逊之夫人，即再醮者。夫妇学行，皆为国人所称）。中国礼教，有“夫死不嫁”（见《郊特牲》）之义。男子之事二主，女子之事二夫，遂共目为失节，为奇辱。礼又于寡妇夜哭有戒（见《坊记》），友寡妇之子有戒（见《坊记》及《曲礼》）。国人遂以家庭名誉之故，强制其子媳孀居。不自由之名节，至凄惨之生涯，年年岁岁，使许多年富有为之妇女，身体精神俱呈异态者，乃孔子礼教之赐也！

今日文明社会，男女交际，率以为常。论者犹以为女性温和，有以制男性粗暴，而为公私宴聚所必需。即素不相知之男女，一经主人介绍，接席并舞，不以为非。孔子之道则曰“男女不杂座”，曰“嫂叔不通问”，曰“已嫁而反，兄弟弗与同席而坐，弗与同器而食”，曰“男女非有行媒，不相知名；非受币，不交不亲”（均见《曲礼》），曰“女子出门，必拥蔽其面”，曰“七年（即七岁）男女不同席，不共食”（均见《内则》），曰“男女无媒不交，无币不相见”，曰“礼非祭，男女不交爵”（均见《坊记》)。是等礼法，非独与西洋社会生活状态绝殊，又焉能行于今日之中国?

西洋妇女独立自营之生活，自律师、医生以至店员女工，无不有之。而孔子之道则曰:“男女授受不亲”(见《坊记》);“男不言内，女不言外，非祭非丧，不相授器”(见《内则》);“妇人，从人者也”。是盖以夫为妇纲，为妇者当然被养于夫，不必有独立生活也。

妇于夫之父母，素不相知，只有情而无义。西洋亲之与子，多不同居，其媳更无孝养翁姑之义务。而孔子之道则曰:“戒之敬之，夙夜毋违命”(见《士昏礼》);“妇顺者，顺于舅姑”(见《昏义》);“妇事舅姑，如事父母”;“父母舅姑之命，勿逆勿怠”;“子甚宜其妻，父母不悦，出”(古人夫妻情好甚笃，若不悦于其亲而出之，致遗终身之憾者甚多。例如陆游即是也);“凡妇，不命适私室，不敢退;妇将有事，大小必请于舅姑”(均见《内则》)。此恶姑虐媳之悲剧所以不绝于中国之社会也!

西俗于成年之子，不甚责善，一任诸国法与社会之制裁。而孔子之道则曰:“父母怒不悦，而挞之流血，不敢疾怨，起敬起孝。”此中国所以有“父要子死，不得不死;君要臣亡，不得不亡”之谚也。

西洋丧葬之仪甚简，略类中国墨子之道。儒家主张厚葬。丧礼之繁，尤害时废业，不可为训。例如“寝苫枕块，非丧事不言”之礼，试问今之尊孔诸公居丧时，除以“苫块昏迷”妄语欺人外，曾有一实行者乎?

以上所举孔子之道，吾愿尊孔诸公叩之良心:自身能否遵行?征之事实能否行之社会?即能行之，是否增进社会福利、国家实力，而免于野蛮黑暗之讥评耶?吾人为现代尚推求理性之文明人类，非古代盲从传说之野蛮人类，乌可以耳代脑，徒以儿时震惊孔夫子之大名，遂真以为万世师表，而莫可议其非也!

孔子生长封建时代，所提倡之道德，封建时代之道德也;所垂示之礼教，即生活状态，封建时代之礼教，封建时代之生活状态也；所主张之政治，封建时代之政治也。封建时代之道德、礼教、生活、政治，所心营目注，其范围不越少数君主贵族之权利与名誉，于多数国民之幸福无与焉。何以明之？儒家之言：社会道德与生活，莫大于礼；古代政治，莫重于刑。而《曲礼》曰："礼不下庶人，刑不上大夫。"此非孔子之道及封建时代精神之铁证也耶？

康先生所谓孔子之经，于人身之举动云为，人伦日用，家国天下，无不纤悉周匝，吾知其纤悉周匝者，即在数千年前宗法时代封建时代，亦只行于公卿士大夫之人伦日用，而不行之于庶人，更何能行于数千年后之今日共和时代国家时代乎？立国于今日民政民权发张之世界，而惟注意于少数贵族之举动云为，人伦日用，可乎不可？稍有知识之尊孔诸公，其下一良心之判断！

康先生与范书曰："中国人，上者或博极群书，下者或手执一业，要其所以心造自得，以为持身涉世修己治人之道，盖无不从少年读《论》《孟》来也。"斯言也，吾大承认之。惟正以社会上下之人，均自少至老莫不受孔教之陶镕，乃所以有今日之现象。今欲一仍其旧乎？抑或欲改进以求适现代之争存乎？稍有知识之尊孔诸公，其下一良心之判断！

康先生与范书曰："夫同此中国人，昔年风俗人心，何以不坏？今者风俗人心，何以大坏？盖由尊孔与不尊孔故也。"是直瞽说而已！吾国民德之不隆，乃以比较欧美而言。若以古代风俗人心善于今日，则妄言也。风俗人心之坏，莫大于淫杀。此二者古今皆不免，而古甚于今。黄巢、张献忠之惨杀，今未闻也。有稍与近似者，亦惟反对新党赞成帝制孔教之汤芗铭、龙济光、张勋、倪嗣冲而已。古之宫廷秽乱，史不绝书。防范之策，至用腐刑。此等惨无人道之事，今日尚有之乎？古之防范妇人，乃至出必蔽面，入不共食；今之朝夕晤对者，未必即乱。古之显人，往往声妓自随，清季公卿，尚公然蓄嬖男宠，今皆无之。溺女蛮风，今亦渐息。此非人心风俗较厚于古乎？

共和思想流入以来，民德尤为大进。黄花冈[①]七十二士，同日为国就义，扶老助弱，举止从容。至今思之，令人垂泪！中国前史，有此美谈乎？袁氏称帝，冯、段诸公，竟不以私交废公义，唐、蔡、岑、陆，均功成不居。此事在欧美、日本为寻常，而为中国古代军人所罕有。国民党人，苦战余生，以尊重约法之故，首先主张癸丑年与为政敌之黎元洪继任为天下倡。此非共和范为民德之效耶？

浅人所目为今日风俗人心之最坏者，莫过于臣不忠，子不孝，男不尊经，女不守节。然是等谓之不尊孔则可，谓之为风俗人心之大坏，盖未知道德之为物，与真理殊，其必以社会组织生活状态为变迁，非所谓一成而万世不易者也。吾愿世之尊孔者勿盲目耳食，随声附和，试揩尔目、用尔脑，细察孔子之道果为何物，现代生活果作何态，诉诸良心，下一是非善恶进化或退化之明白判断，勿依违，勿调和——依违调和为真理发见之最大障碍！

一九一六，十二，一

① 今一般作“黄花岗”。

袁世凯复活

近来上海中西报纸，盛传袁世凯未死之说。闻者咸大惊异，而疑信参半。于是袁世凯果死与否之探讨，纷然以起。余则坚信袁世凯未死，且以此问题实无待探讨之必要也。吾耳日闻袁世凯之宣言，吾目日见袁世凯之行事，奈何痴人果以为袁世凯之已死耶？

善哉蔡先生孑民之言曰：

> 袁氏之为人，盖棺论定，似可无事苛求。虽然，袁氏之罪恶，非特个人之罪恶也。彼实代表吾国三种之旧社会：曰官僚，曰学究，曰方士。畏强抑弱，假公济私，口蜜腹剑，穷奢极欲，所以表官僚之黑暗也。天坛祀帝，小学读经，复冕旒之饰，行拜跪之仪，所以表学究之顽旧也。武庙宣誓，教会祈祷，相士贡谀，神方治疾，所以表方士之迂怪也。今袁氏去矣，而此三社会之流毒，果随之以俱去乎？（见第三号《旅欧杂志》）

由蔡先生之说，即强谓肉体之袁世凯已死，而精神之袁世凯固犹活泼泼地生存于吾国也。不第此也，即肉体之袁世凯，亦已复活。吾闻其语矣，吾见其人矣。其人之相貌、思想、言论、行为，无一非袁世凯，或谓为“袁世凯二世”。呜呼！黄兴、蔡锷死矣，而袁世凯复活，吾思民国，不禁悲从中来！

昔始皇帝创无限专制君主制，其子二世亡之。那破仑一世破坏法兰西共和，帝制自为，身败名辱。其犹子那破仑三世仍明目张胆，蹈其覆辙。

今堕地呱呱之中华民国，在朝之魔王袁世凯一世方死未死，而在野之瞀儒袁世凯二世方生，一何中外古今之史例巧合若斯也？

袁世凯二世酷肖袁世凯一世之点甚多：其身矮而胖也同；其口多髭须也同；其眸子不正，表示其心术也同；其风姿气味，完全一市侩，无丝毫清明之气也同；其自命为圣王，雄才大略也同；其贪财好色，老而不戒也同；其欲祭天尊孔以愚民也同；其爱冕旒喜拜跪也同；其尊信文武圣人、求神、治鬼、烧香、算命、卜卦、看相也同；其主张复古，提倡礼教国粹也同；其左袒官僚，仇视民党也同；其重尊卑阶级，疾视平等人权平民政治也同；其迷信官权万能，恶民权如蛇蝎也同；其主张高下从心之人治，恶法治害己也同；其主张小学读经，以维持旧思想也同；其怂恿军人，摇旗呐喊，通电拥护旧政教，排斥新人物也同；其口称德义，而负友辜恩也同；其自居为中国第一老资格，而国人亦以第一老资格目之也同；其对门生部属，有命令而无辨论[①]也同；其主张荒谬，即上座党徒亦反面攻之也同；其利用国民弱点，投合旧社会之心理，增上其种种罪恶，以自攫权势也同。

蔡先生谓袁世凯代表吾国三种旧社会，余谓此袁世凯二世则完全代表袁世凯，不独代表过去之袁世凯，且制造未来之无数袁世凯。袁世凯之废共和复帝制，乃恶果非恶因；乃枝叶之罪恶，非根本之罪恶。若夫别尊卑、重阶级、主张人治、反对民权之思想之学说，实为制造专制帝王之根本恶因。吾国思想界不将此根本恶因铲除净尽，则有因必有果，无数废共和复帝制之袁世凯，当然接踵应运而生，毫不足怪。今袁世凯二世，竟明目张胆，为吾国思想界加造此根本恶因，其恶果可立而待也。

袁世凯二世！袁世凯未死！袁世凯复活！此声也，不祥之声也。吾何忍作此声以扰国人之好梦？然黑魆魆[②]中，实有老猃，呼之欲出。

---

① 原文如此。

② 原文为“黑越越”，应误。今据文义改为“黑魆魆”。

呜呼！欧洲自力抗自由新思潮之梅特涅失败以来，文明进化，一日千里。吾人狂奔追之，犹恐不及。乃袁世凯以特别国情之说，阻之五年，不使前进，国人不惜流血以除此障碍矣。不图袁世凯二世，又以国粹礼教之说，阻吾前进，且强曳之逆向后行。国人将何以处之？法律上之平等人权，伦理上之独立人格，学术上之破除迷信、思想自由：此三者为欧美文明进化之根本原因，而皆为尊重国粹国情之袁世凯一世、二世所不许。长此暗黑，其何以求适二十世纪之生存？吾护国军人，吾青年志士，勿苟安，勿随俗，其急以血刃铲除此方死未死余毒未尽之袁世凯一世、方生未死逆焰方张之袁世凯二世，导吾可怜之同胞出黑暗而入光明！

一九一六，十二，一

再论孔教问题

吾国人学术思想不进步之重大原因，乃在持论笼统与辨理之不明。近来孔教问题之纷呶不决，亦职此故。余故于发论之先，敢为读者珍重申明之：

第一，余之信仰。人类将来真实之信解行证，必以科学为正轨，一切宗教，皆在废弃之列，其理由颇繁，姑略言之。盖宇宙间之法则有二：一曰自然法，一曰人为法。自然法者，普遍的，永久的，必然的也，科学属之；人为法者，部分的，一时的，当然的也，宗教道德法律皆属之。无食则饥，衰老则死，此全部生物永久必然之事，决非一部分一时期当然遵循者。若夫礼拜耶和华，臣殉君，妻殉夫，早婚有罚，此等人为之法，皆只行之一国土一时期，决非普遍永久必然者。人类将来之进化，应随今日方始萌芽之科学，日渐发达，改正一切人为法则，使与自然法则有同等之效力，然后宇宙人生，真正契合。此非吾人最大最终之目的乎？或谓宇宙人生之秘密，非科学所可解，决疑释忧，厥惟宗教。余则以为科学之进步，前途尚远。吾人未可以今日之科学自画，谓为终难决疑。反之，宗教之能使人解脱者，余则以为必先自欺，始克自解，非真解也。真能决疑，厥惟科学。故余主张以科学代宗教，开拓吾人真实之信仰，虽缓终达。若迷信宗教以求解脱，直“欲速不达”而已！

复次，则论孔教。夫“孔教”二字，殊不成一名词。中国旧说中，惟阴阳家言属于宗教。墨家明鬼，亦尚近之。儒以道得民，以六艺为教。孔子，儒者也。孔子以前之儒，孔子以后之儒，均以孔子为中心。其为教也，文行忠信，不论生死，不语鬼神。其称儒行于鲁君也，皆立身行己之事，无一言近于今世之所谓宗教者。孔教名词，起源于南北朝三教之争。其实道家之老子与儒家之孔子，均非教主。其立说之实质，绝无宗教家言也。夫孔教之名词既不能成立，强欲定孔教为国教者，讵非妄人？相传有二近视者，因争辨匾额字画之是非，至于互斗，明眼人自旁窃笑，盖并匾额而无之也。今之主张孔教者，亦无异于是！

假令从社会之习惯，承认孔教或儒教为一名词，亦不可牵入政治，垂之宪章。盖政教分途，已成公例，宪法乃系法律性质，全国从同，万不能涉及宗教道德，使人得有出入依违之余地。此蔡孑民先生所以谓“孔子是孔子，宗教是宗教，国家是国家，义理各别，勿能强作一谈”也。蔡先生不反对孔子，更不绝对反对宗教，此余之所不同也。其论孔子、宗教、国家，三者性质绝异，界限分明，不能强合，此余之所同也。孔教而可定为国教，加入宪法，倘发生效力，将何以处佛、道、耶、回诸教徒之平等权利？倘不发生效力，国法岂非儿戏？政教混合，将以启国家无穷之纷争。孔子之道，可为修身之大本，定入宪法，则先于孔子之尧、舜、禹、汤、文、武、周公之道，后于孔子之杨、墨、孟、荀、程、朱、陆、王之道，何一不可为修身之大本？乌可一言而决者？其纷争又岂让于教祸？

或谓国教诚不可有，孔子亦非宗教家，惟孔门修身之道，为吾国德教之源，数千年人心所系，一旦摈弃，重为风俗人心之患，故应定入宪法以为教育之大方针。余对此说，有三疑问，以求解答：

（1）孔门修身伦理学说，是否可与共和立宪政体相容？儒家礼教是否可以施行于今世国民之日用生活？

（2）宪法是否可以涉及教育问题及道德问题？

（3）万国宪法条文中，有无人之姓名发现？

倘不能解答此三种疑问，则宪法中加入孔道修身之说，较之定孔教为国教，尤为荒谬！因国教虽非良制，而尚有先例可言。至于教育应以何人之说为修身大本，且规定于宪法条文中，可谓为万国所无之大笑话！国会议员中，竟有多数人作此毫无知识之主张者，无惑乎解散国会之声盈天下也！余辈对于科学之信仰，以为将来人类达于觉悟获享幸福必由之正轨，尤为吾国目前所急需，其应提倡尊重之也，当然在孔教、孔道及其他宗教哲学之上。然提倡之，尊重之，可也；规定于宪法，使人提倡之，尊重之，则大不可。宪法纯然属于法律范围，不能涉及教育问题，犹之不能涉及实业问题，非以教育实业为不重也；不能以法律规定尊重孔子之道，犹之不能以法律规定尊重何种科学，非以孔道科学为不重也。至于孔子之道，不能为共和国民修身之大本，尚属别一问题。宪法中不能规定以何人之道为修身大本，固不择孔子与卢梭也。岂独反对民权、共和之孔道不能定入宪法以为修身之大本，即提倡民权共和之学派，亦不能定入宪法以为修身之大本。盖法律与宗教教育，义各有畔，不可相乱也。

今之反对国教者，无不持约法中信教自由之条文以为戈矛。都中近且有人发起“信教自由会”，以鼓吹舆论。余固以为合理，而于事实则犹有未尽者。何以言之？中国文庙遍于郡县，春秋二祀，官厅学校，奉行日久，盖俨然国教也。而信仰他教者，政府亦未尝加以迫害或禁止。即令以孔教为国教，定入宪法，余料各科并行，仍未必有所阻害。故余以为各教信徒，对于政府所应力争者，非人民信教自由之权利，乃国家待遇各教平等之权利也。国家收入，乃全国人民公共之担负，非孔教徒独立之担负。以国费立庙祀孔，亦当以国费建寺院祀佛、道，建教堂祀耶、回；否则一律不立庙，不致祭，国家待遇各教，方无畸重畸轻之罪戾。各教教徒，对于国家担负平等，所享权利，亦应平等。必如是而后教祸不酝酿于国中。由斯以谈，非独不能以孔教为国教，定入未来之宪法，且应毁全国已有之孔庙而罢其祀！

一九一七，一，一

文学革命论

今日庄严灿烂之欧洲，何自而来乎？曰，革命之赐也。欧语所谓革命者，为革故更新之义，与中土所谓朝代鼎革，绝不相类；故自文艺复兴以来，政治界有革命，宗教界亦有革命，伦理道德亦有革命，文学艺术，亦莫不有革命，莫不因革命而新兴而进化。近代欧洲文明史，宜可谓之革命史。故曰，今日庄严灿烂之欧洲，乃革命之赐也。

吾苟偷庸懦之国民，畏革命如蛇蝎，故政治界虽经三次革命，而黑暗未尝稍减。其原因之小部分，则为三次革命，皆虎头蛇尾，未能充分以鲜血洗净旧污；其大部分，则为盘踞吾人精神界根深底固[①]之伦理道德文学艺术诸端，莫不黑幕层张，垢污深积，并此虎头蛇尾之革命而未有焉。此单独政治革命所以于吾之社会不生若何变化、不收若何效果也。推其总因，乃在吾人疾视革命，不知其为开发文明之利器故。

孔教问题，方喧呶于国中，此伦理道德革命之先声也。文学革命之气运，酝酿已非一日，其首举义旗之急先锋，则为吾友胡适。余甘冒全国学究之敌，高张"文化革命军"大旗，以为吾友之声援。旗上大书特书吾革命军三大主义：曰，推倒雕琢的阿谀的贵族文学，建设平易的抒情的国民文学；曰，推倒陈腐的铺张的古典文学，建设新鲜的立诚的写实文学；曰，推倒迂晦的艰涩的山林文学，建设明了的通俗的社会文学。

《国风》多里巷猥辞，《楚辞》盛用土语方物，非不斐然可观。承其流者，两汉赋家，颂声大作，雕琢阿谀，词多而意寡，此贵族之文古典之

---

① 原文如此。今作"根深柢固"或"根深蒂固"。

文之始作俑也。魏、晋以下之五言，抒情写事，一变前代板滞堆砌之风，在当时可谓为文学一大革命，即文学一大进化；然希托高古，言简意晦，社会现象，非所取材，是犹贵族之风，未足以语通俗的国民文学也。齐、梁以来，风尚对偶，演至有唐，遂成律体。无韵之文，亦尚对偶。《尚书》《周易》以来，即是如此［古人行文，不但风尚对偶，且多韵语，故骈文家颇主张骈体为中国文章正宗之说（亡友王无生即主张此说之一人）。不知古书传钞①不易，韵与对偶，以利传诵而已。后之作者，乌可泥此］。

东晋而后，即细事陈启，亦尚骈丽②。演至有唐，遂成骈体。诗之有律，文之有骈，皆发源于南北朝，大成于唐代。更进而为排律，为四六。此等雕琢的阿谀的铺张的空泛的贵族古典文学，极其长技，不过如涂脂抹粉之泥塑美人，以视八股试帖之价值，未必能高几何，可谓为文学之末运矣！韩、柳崛起，一洗前人纤巧堆朵之习，风会所趋，乃南北朝贵族古典文学，变而为宋、元国民通俗文学之过渡时代。韩、柳、元、白，应运而出，为之中枢。俗论谓昌黎文章起八代之衰，虽非确论，然变八代之法，开宋、元之先，自是文界豪杰之士。吾人今日所不满于昌黎者二事：

一曰，文犹师古。虽非典文，然不脱贵族气派，寻其内容，远不若唐代诸小说家之丰富，其结果乃造成一新贵族文学。

二曰，误于“文以载道”之谬见。文学本非为载道而设，而自昌黎以讫③曾国藩，所谓载道之文，不过钞袭孔、孟以来极肤浅极空泛之门面语而已。余尝谓唐宋八家文之所谓“文以载道”，直与八股家之所谓“代圣贤立言”，同一鼻孔出气。

以此二事推之，昌黎之变古，乃时代使然，于文学史上，其自身并无十分特色可观也。元、明剧本，明、清小说，乃近代文学之粲然可观者。惜为妖魔所厄，未及出胎，竟而流产，以至今日中国之文学，委琐陈腐，

---

① 旧同“抄”。本篇下文同。

② 原文如此。今作“骈俪”。

③ 今作“迄”。

远不能与欧洲比肩。此妖魔为何？即明之前后七子及八家文派之归、方、刘、姚是也。此十八妖魔辈，尊古蔑今，咬文嚼字，称霸文坛。反使盖代文豪若马东篱，若施耐庵，若曹雪芹诸人之姓名，几不为国人所识。若夫七子之诗，刻意模古，直谓之抄袭可也。归、方、刘、姚之文，或希荣誉墓，或无病而呻，满纸之乎者也矣焉哉。每有长篇大作，摇头摆尾，说来说去，不知道说些甚么。此等文学，作者既非创造才，胸中又无物，其伎俩惟在仿古欺人，直无一字有存在之价值，虽著作等身，与其时之社会文明进化无丝毫关系。

今日吾国文学，悉承前代之弊：所谓“桐城派”者，八家与八股之混合体也；所谓“骈体文”者，思绮堂与随园之四六也；所谓“西江派”者，山谷之偶像也。求夫目无古人，赤裸裸的[①]抒情写世，所谓代表时代之文豪者，不独全国无其人，而且举世无此想。文学之文，既不足观，应用之文，益复怪诞：碑铭墓志，极量称扬，读者决不见信，作者必照例为之。寻常启事，首尾恒有种种谀词。居丧者即华居美食，而哀启必欺人曰“苫块昏迷”。赠医生以匾额，不曰“术迈歧黄[②]”，即曰“著手成春”。穷乡僻壤极小之豆腐店，其春联恒作“生意兴隆通四海，财源茂盛达三江”。此等国民应用之文学之丑陋，皆阿谀的虚伪的铺张的贵族古典文学阶之厉耳。

际兹文学革新之时代，凡属贵族文学，古典文学，山林文学，均在排斥之列。以何理由而排斥此三种文学耶？曰：贵族文学，藻饰依他[③]，失独立自尊之气象也；古典文学，铺张堆砌，失抒情写实之旨也；山林文学，深晦艰涩，自以为名山著述，于其群之大多数无所裨益也。其形体则陈陈相因，有肉无骨，有形无神，乃装饰品而非实用品；其内容则目光不越帝王权贵，神仙鬼怪，及其个人之穷通利达。所谓宇宙，所谓人生，所

① 当时用法，今作“地”。
② 原文如此。似应作“岐黄”。
③ 原文如此。

谓社会，举非其构思所及，此三种文学公同[①]之缺点也。此种文学，盖与吾阿谀夸张虚伪迂阔之国民性，互为因果。今欲革新政治，势不得不革新盘踞于运用此政治者精神界之文学。使吾人不张目以观世界社会文学之趋势，及时代之精神，日夜埋头故纸堆中，所目注心营者，不越帝王、权贵、鬼怪、神仙，与夫个人之穷通利达，以此而求革新文学、革新政治，是缚手足而敌孟贲也。

欧洲文化，受赐于政治科学者固多，受赐于文学者亦不少。予爱卢梭、巴士特之法兰西，予尤爱虞哥、左喇之法兰西；予爱康德、赫克尔之德意志，予尤爱桂特郝、卜特曼之德意志；予爱倍根、达尔文之英吉利，予尤爱狄铿士、王尔德之英吉利。吾国文学豪杰之士，有自负为中国之虞哥、左喇、桂特郝、卜特曼、狄铿士、王尔德者乎？有不顾迂儒之毁誉，明目张胆以与十八妖魔宣战者乎？予愿拖四十二生的大炮，为之前驱。

一九一七，二，一

① 今作“共同”。

俄罗斯革命与我国民之觉悟

自二月九日吾政府对德抗议以来，国人于政府外交政策，赞成反对，各极其盛。愚亦于前号本志（《新青年》）发表赞同意见，贡诸国人。其后赞成抗德派渐得势，内阁获国会之同意，遂宣告与德绝交。自是以来，反对派所预言绝德后之危险，幸未一中，在理论上应现举国一致对外之象矣。而事实不尔者，有重大之原因三焉：

一曰，失意之伟人，无论其事于人类之公理正义如何、于国家之利害关系如何，凡出诸其敌党段祺瑞、梁启超所主张者，莫不深文以反对之，虽牺牲其向日之主张进取、主张正义、不畏强权之精神，亦所不惜；虽与国蠹张勋、倪嗣冲、王占元、张怀芝同一步调，亦所不羞。某有力家遂利此以为攘夺政权之机会，虎踞南服，舆论因以从之。

一曰，恶闻战争，乃吾国民之恶劣根性。今之“恐德病”，亦自此根性所生。冯副总统威慑南方，一言九鼎，亦为诱发此病重大之外因。愚以为商会反对加入协约团体，与前此反对革命，主张拥护项城，维持现状，同一心理。

一曰，同时俄罗斯发生革命事作也。吾国短视之人，误料俄罗斯革命，无论旧政府存续与否，必陷于与德国单独议和之地位。俄德和解，英法必不支；英法不支，日俄德同盟谋我之势成。此种见解，不独反对加入协约者言之确然，即赞成者亦不无怀疑而恐怖。

以上之三因，日来吾国对德外交之所以沉滞也。前二因非由于误解，且非空言可喻，姑置不论。兹所欲正告吾国民以促其觉悟者，即俄之革命，将关于世界大势也如何。吾国民或犹在梦中，不闻吾言！

吾国民第一所应觉悟者，欧洲战争，无意识者恒少，故战后而不改革进步者亦恒少。此次大战争，乃旷古所未有，战后政治学术，一切制度之改革与进步，亦将为旷古所罕闻。吾料欧洲之历史，大战之后必全然改观。以战争以前历史之观念，推测战后之世界大势，无有是处。

其次，吾国民所应觉悟者，此次欧战之原因结果，固甚复杂，而君主主义与民主主义之消长，侵略主义与人道主义之消长，关系此战乃至巨焉。使德意志完全胜利也，无道之君主主义、侵略主义，其势益炽，其运命将复存续百年或数十年未可知也。此物存续期间，弱者必无路以幸存。

又其次，吾国民所应觉悟者，吾可怜之中华，未能日久生存于均势之下也。一国家而生存于均势之下，非真生存，且均势自身，亦难历久而不变乎？吾华真能生存之运命，操诸己者，适用近世文明，以固国力之发展；操诸人者，君主主义、侵略主义之失势耳。前者且听命于后者，以列强侵略主义不稍衰，吾人已无有发展国力之余地。

又其次，吾国民所应觉悟者，俄罗斯之革命，非徒革俄国皇族之命，乃以革世界君主主义、侵略主义之命也。吾祝其成功。吾料其未必与代表君主主义、侵略主义之德意志单独言和，以其革命政府乃亲德派旧政府之反对者，而为民主主义、人道主义之空气所充满也。吾料世界民主国将群起而助之，以与德意志战，且与一切无道之君主主义、侵略主义的国家战。国际今日之抗德，犹吾国前日之讨袁，非仆此獠，将难自保，力能胜否，义所不计。吾中华民国国民，以是非计，以利害计，均不应滑头中立，以图败则苟免，胜则坐享其成。

又其次，吾国民所应觉悟者，即令俄之新政府，以非战故与德单独言和，或德意志利用俄之纷扰，目前军事上获若干胜利，吾料新俄罗斯非君主非侵略之精神，将蔓延于德、奥及一切师事德意志之无道国家，宇内情势，因以大变。此为益吾国，视君主侵略主义之俄罗斯战胜德意志也，奚啻万倍？奈何吾短视之国民，竟以俄罗斯革命之故而“恐德病”反加剧耶！

吾国民倘有上陈种种之觉悟，自应执戈而起，随列强之后，惩彼代表君主主义、侵略主义之德意志，以扶人类之正义，以寻吾国之活路。倘仍挟愤寻仇，或希图苟免，或拘拘计较吾国根本生存以次利害，以阻外交之进行，则今既不附同盟，又不联协约，且已非中立，遗世孤立，将何以图存乎？加入战团后，当然有列席和议之权，其时发言效力，固必极微，岂不愈于他国代表吾人议定而责吾承受之乎？爱国君子，其洞观世界大势，平心思之，勿徒为意气之争也！

一九一七，四，一

旧思想与国体问题
——在北京神州学会讲演

今日本会开讲演会，适遇国会纪念日，鄙人不觉发动一种感想，所以选择此题。鄙人感想非他，即现今之国会非君主国的国会，乃共和国的国会。方才李石曾先生演说《学术之进化》有云："政治进化的潮流，由君主而民主，乃一定之趋势，吾人可以怀抱乐观。"鄙人以为李先生的理论，固然不错，但是鄙人对于我国现在情形，总觉得共和国体，有无再经一次变动，却不能无疑。

自从辛亥年革命以来，我国行了共和政体好几年，前年筹安会忽然想起讨论国体问题，在寻常道理上看起来，虽然是狠[①]奇怪，鄙人当时却不以为奇怪。袁氏病殁，帝制取消，在寻常道理上看起来，大家都觉得中国以后帝制应该不再发生，共和国体算得安稳了，鄙人却又不以为然。

鄙人怀着此种意见，不是故意与人不同，更不是倾心帝制舍不得抛弃，也并不是说中国宜于帝制不宜于共和；只因为此时，我们中国多数国民口里虽然是不反对共和，脑子里实在装满了帝制时代的旧思想，欧美社会国家的文明制度，连影儿也没有，所以口一张，手一伸，不知不觉都带君主专制臭味。不过胆儿小，不敢像筹安会的人，堂堂正正的[②]说将出来。其实心中见解，都是一样。

袁世凯要做皇帝，也不是妄想，他实在见得多数民意相信帝制，不相

① 旧同"很"。

② 当时用法，今作"地"。

信共和，就是反对帝制的人，大半是反对袁世凯做皇帝，不是真心从根本上反对帝制。

数年以来，创造共和再造共和的人物，也算不少。说良心话，真心知道共和是什么，脑子里不装着帝制时代旧思想的，能有几人？西洋学者尝言道："近代国家是建设在国民总意之上。"现在袁世凯虽然死了，袁世凯所利用的倾向君主专制的旧思想，依然如故。要帝制不再发生，民主共和可以安稳，我看比登天还难！

如今要巩固共和，非先将国民脑子里所有反对共和的旧思想，一一洗刷干净不可。因为民主共和的国家组织社会制度伦理观念，和君主专制的国家组织社会制度伦理观念全然相反——一个是重在平等精神，一个是重在尊卑阶级——万万不能调和的。若是一面要行共和政治，一面又要保存君主时代的旧思想，那是万万不成。而且此种"脚踏两只船"的办法，必至非驴非马，既不共和，又不专制，国家无组织，社会无制度，一塌糊涂而后已！

现在中华民国的政治人心，就是这种现象：

分明挂了共和招牌，而政府考试文官，居然用"上天下泽，履君子以辨上下，定民志"、"百姓足，君孰与不足"和"学则三代共之，皆所以明人伦也，人伦明于上，小民亲于下"为题。不知道辨的是什么上下？定的是什么民志？不知道共和国家何以有君？又不知道共和国民是如何小法？孟子所谓人伦，是指忠君孝父从夫为人之大伦。试问民主共和的国家组织社会制度伦理观念，是否能容这"以君统民，以父统子，以夫统妻"不平等的学说？

分明挂了共和招牌，而国会议员居然大声疾呼，定要尊重孔教。按孔教的教义，乃是教人忠君、孝父、从夫。无论政治、伦理，都不外这种重阶级尊卑三纲主义。孟子道："孔子成《春秋》，而乱臣贼子惧。"荀子道："礼有三本：天地者，生之本也；先祖者，类之本也；君师者，治之本也。"董仲舒道："《春秋》之法，以人随君，以君随天。"这都是孔教说礼尊君的精义。若是用此种道理做国民的修身大本，不是教他拿孔教修身的道理来破坏共和，就是教他修身修不好，终久要做乱臣贼子。我想主张孔教加入宪法的议员，他必定忘记了他自己是共和民国的议员，所议的是共和民国的宪法。与其主张将尊崇孔教加入宪法，不如爽快讨论中华国体是否可以共和。若一方面既然承认共和国体，一方面又要保存孔教，理论上实在是不通，事实上实在是做不到。

分明挂了共和招牌，而学士文人，对于颂扬功德铺张宫殿田猎的汉赋，和那思君明道的韩文杜诗，还是照旧推崇。偶然有人提倡近代通俗的国民文学，就要被人笑骂。一般社会应用的文字，也还仍旧是君主时代的恶习。城里人家大门对联，用那“恩承北阙”“皇恩浩荡”字样的，不在少处。乡里人家厅堂上，照例贴一张“天地君亲师”的红纸条，讲究的还有一座“天地君亲师”的牌位。

这腐旧思想布满国中，所以我们要诚心巩固共和国体，非将这班反对共和的伦理文学等等旧思想，完全洗刷得干干净净不可。否则不但共和政治不能进行，就是这块共和招牌，也是挂不住的。

若是一旦帝制恢复，蔡孑民先生所说的“以美术代宗教”，李石曾先生所说的“近代学术之进化”，张溥泉先生所说的“新道德”，在政治上是“叛徒”，在学术上是“异端”，名种学问，都没有发展的余地，贵学会还有甚么学问可讲呢？

一九一七，五，一

近代西洋教育

——在天津南开学校演讲

今日之中国，各种事业败坏已极，承贵校诸君招来演说，鄙人心中想说的话极多，但是从何处说起呢？诸君毕业后，或当教习，或别入他校求学，大约不离教育界。现在就着教育事业，略说一二：

吾人提起“教育”二字，往往心中发生二种疑问：第一是吾人何以必须教育？第二是教育何以必须取法西洋？

第一种疑问，就是西洋也有一派学者，主张人之善恶智愚，乃天性生成，教育无效的。但是此种偏见，多数学者均不承认，以为人之善恶智愚，生来本性的力量诚然不小，后来教育的力量又何尝全然无效？譬如木材的好丑和用处大小，虽然是生来不同，但必经工匠的斧斤雕凿，良材方成栋梁和美术的器具，就是粗恶材料，也有相当的用处。教育的作用，亦复如此。未受教育的人，好像生材；已受教育的人，好像做成的器具。人类美点，可由教育完全发展；人类的恶点，也可由教育略为减少。请看世界万国，那教育发达的和那教育不发达的人民，智愚贤否迥然不同，这就是吾人必须教育的铁证了。

第二种疑问，乃是中国人普通见解，以为西洋各国不过此时国富兵强，至于文物制度、学问思想，未必事事都比中国优胜。简单说起来，就是不信服西洋文明驾乎中国之上，所以不信服中国教育必须取法欧美。方才贵校校长张先生说：“此时西洋各国学术思想潮流，居世界之大部分，吾国不过居一小部分，只合一小部分随从大部分，不能够强教大部分随从一小部分：所以我们中国必须舍旧维新。”鄙人觉得张校长这话犹是对那没有知识比较中西文明优劣的人说法。其实吾国文明若果在西洋之上，西洋各国部分虽大，吾人亦不肯盲从，舍长取短。正因西洋文明远在中国之上，就是中国居世界之大部分，西洋各国居世界之最小一部分，这大部分的人也应当取法这一小部分。所以鄙人之意，我们中国教育必须取法西洋的缘故，不是势力的大小问题，正是道理的是非问题。秋桐先生方才说道："西洋种种的文明制度，都非中国所及。单就经济能力而言，我们中国人此时万万赶不上。倘不急起直追，真是无法可以救亡。"鄙人以为秋桐先生此言，可谓探本之论。

吾人的教育，既然必须取法西洋，吾人就应该晓得近代西洋教育的真相、真精神是什么，然后所办的教育才真是教育，不是科举，才真是西洋教育，不是中国教育。不然，像我们中国模仿西法创办学校已经数十年，而成效毫无。学校处数固属过少，不能普及，就是已成的学校，所教的无非是中国腐旧的经史文学，就是死读几本外国文和理科教科书，也是去近代西洋教育真相、真精神尚远。此等教育，有不如无。因为教的人和受教的人，都不懂得教育是什么，不过把学校毕业当做出身地步，这和从前科举有何分别呢？所以我希望我们中国大兴教育，同时我又希望我们中国教育家，要明白读几本历史洋文，学一点理化博物，算不得是真正的近代西洋教育。我们教育若想取法西洋，要晓得真正的近代西洋教育有几种大方针：

第一，是自动的而非被动的，是启发的而非灌输的。

我国教育和西洋古代教育，多半是用被动主义、灌输主义，一心只要学生读书万卷，做大学者。古人的著书，先生的教训，都是神圣不可非议。照此依样葫芦，便是成功的妙诀。所谓儿童心理，所谓人类性灵，一概抹杀，无人理会。至于西洋近代教育，则大不相同了：自幼稚园以至大学，无一不取启发的教授法，处处体贴学生心理作用，用种种方法启发他的性灵，养成他的自动能力，好叫人类固有的智能得以自由发展，不像那被动主义、灌输主义的教育，不顾学生的心理状态，只管拼命教去，教出来的人物，好像人做的模型、能言的鹦鹉一般，依人作解，自家决没有真实见地、自动能力。此时意大利国蒙得梭利（Moria Montessori）女士的教授法，轰动了全世界。他[①]的教授法是怎样呢？就是主张极端的自动启发主义：用种种游戏法，启发儿童的性灵，养成儿童的自动能力；教师立于旁观地位，除恶劣害人的事以外，无不一任儿童完全的自动自由。此种教授法，现在已经通行欧美各国，而我们中国的教育，还是守着从前被动的灌输的老法子，教师盲教，学生盲从。启发儿童的游戏、图画等功课，毫不注意。拼命的[②]读那和学生毫无关系的历史（小学生决不懂得自己与历史有什么关系）、毫无用处的外国文，以为这就是取法西洋的新教育了。哈哈！实在是坑死人也！

第二，是世俗的而非神圣的，是直观的而非幻想的。

孔特分人类进化为三时代：第一曰宗教迷信时代，第二曰玄学幻想时代，第三曰科学实证时代。欧美的文化，自十八世纪起，渐渐的从第二时代进步到第三时代，一切政治、道德、教育、文学，无一不含着科学实证的精神。近来一元哲学、自然文学日渐发达，一切宗教的迷信、虚幻的理想，更是抛在九霄云外。所以欧美各国教育，都注重职业。所教功课，无非是日常生活的知识和技能。此时学校教育以外，又盛兴童子军（Boy Scout）的教育，一切煮饭、烧菜、洗衣、缝衣、救火、救溺、驾车、驶船等事，无一不实地练习。不像东方人连吃饭穿衣走路的知识本领也没有，专门天天想做大学者、大书箱、大圣贤、大仙、大佛。西洋教育所重的是世俗日用的知识，东方教育所重的是神圣无用的幻想；西洋学者重在直观自然界的现象，东方学者重在记忆先贤先圣的遗文。我们中国教育，若真要取法西洋，应该弃神而重人，弃神圣的经典与幻想而重自然科学的知识和日常生活的技能。

---

① “五四”以前“他”兼称男性、女性以及一切事物。[见《现代汉语词典》（第7版）]

② 当时用法，今作“地”。本篇下文同。

第三，是全身的，而非单独脑部的。

谭嗣同有言曰："观中国人之体貌，亦有劫象焉。试以拟之西人，则见其委靡，见其猥鄙，见其粗俗，见其野悍，或瘠而黄，或肥而弛，或萎而伛偻，其光明秀伟有威仪者，千万不得一二!"这是什么缘故呢？就是中国教育大部分重在后脑的记忆，小部分重在前脑的思索，训练全身的教育，从来不大讲究。所以未受教育的人，身体还壮实一点，惟有那班书酸子，一天只知道咿咿唔唔摇头摆脑的读书，走到人前，痴痴呆呆的歪着头，弓着背，勾着腰，斜着肩膀，面孔又黄又瘦，耳目手脚，无一件灵动中用。这种人虽有手脚耳目，却和那跛聋盲哑残废无用的人，好得多少呢？西洋教育，全身皆有训练，不单独注重脑部。既有体操发展全身的力量，又有图画和各种游戏，练习耳目手脚的活动能力。所以他们无论男女老幼，做起事来，走起路来，莫不精神夺人，仪表堂堂。教他们眼里如何能看得起我们可厌的中国人呢？

中国教育，不合西洋近代教育的地方甚多。以上三样，乃是最重要的。诸君毕业后，或教育他人，或是自己教育自己，请在这三样上十分注意。

一九一七，七，一

复辟与尊孔

张、康复辟之谋，虽不幸而暂遭挫折，其隐为共和国家之患，视前无减。且复辟之变，何时第二次猝发不可知，天下妄谬无耻之人，群起而打死老虎：昔之称以大帅，目为圣人者，今忽以“张逆”“康逆”呼之；昔之奉为盟主，得其数行手迹珍若拱璧者，今乃弃而毁之。何世俗炎凉，不知羞耻至于斯极也！

夫张、康夙昔之为人及其主张，举国所晓，岂至今日始知其悖逆？张、康诚悖逆矣，愚独怪汝辈夙昔并不反对张、康之主张，而以为悖逆，及其实行所主张而失败，乃以悖逆目之也。汝辈当知自今日之政象及多数之人心观之，张、康所主张并未根本失败，奈何以悖逆目之耶？

愚固反对复辟，而恶张、康之为人者也，然自“始终一致主张贯彻”之点论之，人以张、康实行复辟而非之，愚独以此而敬其为人，不若依违于帝政共和自相矛盾者之可鄙。夫事理之是非，正自难言，乃至主张之者之自相矛盾，其必有一非而未能皆是也，断然无疑。譬如祀天者，帝政之典礼也。袁世凯祀天，严复赞同之。及袁世凯称帝，严复亦赞同之。其事虽非，其自家所主张之理论，固一致贯彻，未尝自陷矛盾，予人以隙。若彼于袁世凯之祀天，则为文以称扬之，及袁世凯称帝则举兵以反对之，乃诚见其惑矣！

张、康之尊孔，固尝宣告天下，天下未尝非之，而和之者且遍朝野。愚曾观政府文官试题，而卜共和之必将摇动（见前《旧思想与国体问题》），今不幸而言中。张、康虽败，而共和之名亦未为能久存，以与复辟论相依为命之尊孔论，依旧盛行于国中也。孔教与共和乃绝对两不相容之物，存其一必废其一，此义愚屡言之。张、康亦知之，故其提倡孔教必掊共和，亦犹愚之信仰共和必排孔教。盖以孔子之道治国家，非立君不足以言治。

孔子之道，以伦理政治忠孝一贯为其大本，其他则枝叶也。故国必尊君，如家之有父。荀、董以后所述尊君之义，世或以为过当，非真孔道，而孟轲所言，不得谓非真孔道也。孔、孟论政，纯以君主贤否卜政治之隆污，故曰："君仁，莫不仁；君义，莫不义；君正，莫不正。一正君而国定矣。"（《离娄篇》）答滕文公问为国之言曰："学则三代共之，皆所以明人伦也。人伦明于上，小民亲于下，有王者起，必来取法。"（赵注："人伦者，人事也。"非是。按人伦即指五伦。孟氏语陈相曰："使契为司徒，教以人伦：父子有亲，君臣有义，夫妇有别，长幼有序，朋友有信。"《尚书》之所谓五典、五品、五教，皆即此也）所谓保民，所谓仁政，已非今日民主国所应有，而当时实以为帝主创业之策略，故一则曰，"保民而王，莫之能御也"（《梁惠王篇》），再则曰，"行仁政而王，莫之能御也"。（《公孙丑篇》）陈仲子，齐之廉士也；而孟氏乃以无君臣上下薄之（见《尽心篇》），犹之孔门以废君臣之义洁身乱伦责荷筱丈人（见《论语·微子章》）。此后乎孔子者所述之孔道也。

前乎孔子论为治之道，莫备乎《尚书》。《夏书·五子之歌》曰："皇祖有训，民可近，不可下。"（《传》云："近谓亲之，下谓失分。"）《商书·仲虺之诰》曰："惟天有民有欲，无主乃乱。"（《传》云："民无君主，则恣情欲，必致祸乱。"）《太甲》曰："民非后，罔克胥匡以生。"又曰："一人元良，万邦以贞。"《咸有一德》曰："后非民罔使，民非后罔事。"《盘庚》曰："各长于厥居。勉出乃力，听予一人之作猷。"（按此即韩退之"作粟米麻丝以事其上"之说所由出也）《说命》曰："惟天聪明，惟圣时宪，惟臣钦若，惟民从乂。"（《传》云："宪，法也，言圣王法天以立教。"又云："民以从上为治，不从上命则乱，故从乂也。"）《周书·

泰誓》曰："亶聪明作元后，元后作民父母。"又曰："天佑下民，作之君，作之师。"《洪范》曰："天子作民父母以为天下王。"又曰："惟辟作福，惟辟作威，惟辟玉食。"（传云："言惟君得专为福，为美食。"）——凡此抑民尊君之义典，皆孔子以己意删存，所谓"芟夷烦乱，翦截浮辞，举其宏纲，撮其机要，足以垂世立教"者也。

孔氏赞《易》，为其大业。班固所谓"孔子晚而好《易》，读之韦编三绝，而为之传，即《十翼》也"是已。说《易》者其义多端，而要其指归，即系辞之开宗明义"天尊地卑，乾坤定矣；卑高以陈，贵贱位矣；动静有常，刚柔断矣"数语。《说卦》云："乾，健也；坤，顺也。"又云："乾，天也，故称乎父；坤，地也，故称乎母。"又云："乾为天，为圜，为君，为父……坤为地，为母……为众。"《序卦》云："有天地然后有万物，有万物然后有男女，有男女然后有夫妇，有夫妇然后有父子，有父子然后有君臣，有君臣然后有上下，有上下然后礼义有所错。"《家人象》曰："家人，女正位乎内，男正位乎外。男女正，天地之大义也。家人有严君焉，父母之谓也。父父子子，兄兄弟弟，夫夫妇妇，而家道正。正家而天下定矣。"《履卦象》曰："上天下泽，履。君子以辨上下，定民志。"凡此皆与系辞之言相证明；皆所谓不易之道，易名三义之一也。（《易纬乾凿度》云："《易》一名而含三义：所谓易也，变易也，不易也。……不易者，其位也。天在上，地在下，君南面，臣北面，父坐，子伏。此其不易也。"郑康成采此说作《易赞》《易论》云："易之为名也，一言而含三义：易简，一也；变易，二也；不易，三也。"又云："天尊地卑，乾坤定矣；卑高以陈，贵贱位矣；动静有常，刚柔断矣。"此言其张设布列不易者也）。

孔氏视上下尊卑贵贱之义，不独民生之彝伦，政治之原则，且推本于天地，盖以为宇宙之大法也矣。《春秋》者，孔教大义微言之所在，孟轲以之比烈于夏禹、周公者也。（《滕文公篇》曰："昔者，禹抑洪水而天下平，周公兼夷狄驱猛兽而百姓宁，孔子成《春秋》而乱臣贼子惧。"）其开卷即大书特书曰："王正月。"《公羊传》云："曷为先言王而后言正月？王正月也。（何注云："以上系于王，知王者受命，布政施教，所制月也。"）何言乎王正月？大一统也。"《春秋》大义，莫大于尊王也可知。

《孝经纬》曰："孔子云：欲观我褒贬诸侯之志在《春秋》，崇人伦之行在《孝经》"，是知孔子之道，《春秋》《孝经》相为表里，忠孝一贯，于斯可征。《天子章》曰："夫孝，始于事亲，中于事君，终于立身。"《士章》曰："资于事父以事君而敬同"；又曰："故以孝事君则忠。"《圣治章》曰："父子之道，天性也，君臣之义也。"《五刑章》曰："要君者无上，非圣人者无法，非孝者无亲，此大乱之道也。"（此即君亲师并重之义）《广扬名章》曰："君子之事亲孝，故忠可移于君。"

《论语》者，记孔子言行之书也。《八佾章》曰："夷狄之有君，不如诸夏之亡也。"《子路章》曰："如知为君之难也，不几一言而兴邦乎？"《颜渊章》曰："君子之德风，小人之德草，草上之风必偃。"（孔注曰："加草以风，无不仆者，犹民之化于上。"）《季氏章》曰："天下有道，则礼乐征伐自天子出。"又曰："天下有道，则庶人不议。"《微子章》曰："不仕无义。长幼之节，不可废也；君臣之义，如之何其废之？欲洁其身，而乱大伦。君子之仕也，行其义也。"（韩非及后世暴君之欲加刑戮于隐逸也，皆取此义）《泰伯章》曰："民可使由之，不可使知之。"

上所征引，皆群经之要义，不得谓为后儒伪托，非真孔教矣；然据此以言治术，非立君将以何者为布政施教之主体乎？

今中国而必立君，舍清帝复辟外，全国中岂有相当资格之人足以为君者乎？故张、康之复辟也，罪其破坏共和也可，罪其扰害国家也亦可；罪其违背孔教国国民之心理则不可，罪其举动无意识自身无一贯之理由则更不可：盖主张尊孔，势必立君；主张立君，势必复辟。理之自然，无足怪者。故曰：张、康复辟，其事虽极悖逆，亦自有其一贯之理由也。

张、康虽败，而所谓"孔教会""尊孔会"尚遍于国中，愚皆以为复辟党也。盖复辟尚不必尊孔，以世界左袒君主政治之学说，非独孔子一人。若尊孔而不主张复辟，则妄人也，是不知孔子之道者也。去君臣之大伦，而谬言尊孔，张、康闻之，必字之曰“逆”。以此等人而骂张、康曰“逆”，其何以服张、康之心？

说者或曰：孔子生于二千年前君主之世，所言治术，自本于君政立言，恶得以其不合于后世共和政制而短之耶？曰：是诚然也。愚之非难孔子之动机，非因孔子之道之不适于今世，乃以今之妄人强欲以不适今世之孔道，支配今世之社会国家，将为文明进化之大阻力也，故不能已于一言。

一九一七，八，一

西文译音私议

译西籍方舆、姓氏、权衡、度量，言人人殊。逐物定名，将繁无限纪。今各就单音，拟以汉字，举其大要，阙所不知，如左表①：

单独字母译音：

A 亚　B 白　C 斯克　D 德　E 厄　F 夫　G 格　H○（凡字母必直接合母音始发音者皆缺）　I 哀易　J ○　K 克　L 尔　M 姆　N ○　O 阿　P 卜　Q○　R 儿　S 斯　T 特　U 虞尤　V 甫　W ○　X 爱格斯　Y ○　Z 兹

拼合字母译音：

Ba 巴　Da 达　Fa 法　Ga 加　Ha 哈　Ja 惹　Ka 卡　La 拉　Ma 马　Na 那　Pa 帕　Ra 喇　Sa 萨　Ta 塔　Va 伐　Wa 瓦　Ya 牙　Za 杂

Be 贝　De 兑　Fe 非　Ge 徐　He 赫　Je 热　Ke　Le 雷　Me 梅　Ne 内　Pe 佩　Re 芮　Se 绥　Te 推　Ve 肥　We 微　Ye 耶　Ze 醉

Bi 比　Di 狄　Fi 费　Gi 基　Hi 兮　Ji 日　Ki 其　Li 李　Mi 米　Ni 尼　Pi 皮　Ri 律　Si 西　Ti 梯　Vi 维　Wi 威　Yi 伊　Zi 兹

Bī 拜　Dī 戴　Fī　Gī 该　Hī 海　Jī　Kī 凯　Lī 来　Mī 埋　Nī 奈　Pī 派　Rī 莱　Sī 赛　Tī 泰　Vī　Wī 外　Yī 埃　Zī 才

Bo 波　Do 多　Fo 佛　Go 哥　Ho 霍　Jo 若　Ko 苛　Lo 洛　Mo 莫　No 诺　Po 坡　Ro 罗　So 索　To 托　Vo 福　Wo 倭　Yo 约　Zo 左

Bu　Du 丢　Fu　Gu 勾　Hu 侯　Ju 柔　Ku 口　Lu 路　Mu 缪

---

① 原书竖排，从右至左读，故曰“左表”。

Nu 钮　Pu　Ru 卢　Su 素　Tu 图　Vu 浮　Wu　Yu 尤　Zu 祖

Bü 布　Dü 杜　Fü 弗　Gü 谷　Hü 胡　Jü 如　Kü 苦　Lü 庐　Mü 木

Nü 奴　Pü 蒲　Rü 鲁　Sü　Tü　Vü 缚　Wü 吴　Yü 虞　Zü

Cha 查　Sha 夏　Wha 华　Gua 瓜　Qua 夸

Che 且　She 谢　Whe 徽　Gue 桂　Que 匮

Chi 支　Shi 希　Whi 惠　Gui 归　Qui 葵

Chī　Shī 懈　Whī 怀　Guī 怪　Quī 蒯

Cho 却　Sho 学　Who　Guo　Quo 科

Chu 丘　Shu 修　Whu

Chü 区　Shü 虚　Whü

Ban 班　Dan 丹　Fan 方　Gan 刚　Han 韩　Jan 然　Kan 康　Lan 兰　Man 曼　Nan 南　Pan 庞　Ran 郎　San 三　Tan 唐　Van 房　Wan 王　Yan 杨　Zan 藏　An 安

Ben 边　Den 颠　Fen 芬　Gen 根　Hen 仙　Jen 染　Ken 铿　Len 廉　Men 门　Nen 能　Pen 彭　Ren　Sen 孙　Ten 天　Ven 焚　Wen 温　Yen 颜　Zen 曾　En 英

Bin 宾　Din 丁　Fin　Gin　Hin 亨　Jin 仁　Kin　Lin 林　Min 民　Nin 宁　Pin 平　Rin　Sin 新　Tin 亭　Vin　Win 文　Yin 阴　Zin 精　In 印

Bon 奔　Don 东　Fon 丰　Gon 龚　Hon 洪　Jon 戎　Kon 孔　Lon 龙　Mon 蒙　Non 农　Pon 朋　Ron 轮　Son 生　Ton 顿　Von 奉　Won 翁　Yon 荣　Zon 宗　On

Chan 张　Shan 上　Whan 黄　Guan 光　Quan 匡

Chen 陈　Shen 申　When 昏　Guen 肱　Quen 昆

Chin 秦　Shin 盛　Whin　Guin　Quin

Chon 筇　Shon 兄　Whon　Guon　Quon

说明

所谓父音（Consonant，即声也）不合母音（Vowel，即韵也）不能发音者，乃言难定正音，非皆绝对无音也。例如 BR，DR，FR，GR，KR，PR，TR，ST 之前一字母，虽不直接与母音联合，亦能独立发音。又如英、德、俄三国语，D，F，K，L，P，R，S，T，V，Z 之居语尾者，虽其前为父音字母，亦恒独立发音；其居母音之次者，固照例发音，然其音亦为独立之音，不随其前之母音而生变化也。例如英文 put，pot，post 三字，其中之母音虽不同，而语尾之 t 作特音则一也。

法、德二语读 E 均入灰韵，今从之。英语读 I，有易哀长短二音。此即中土古韵之咍同部之理。今从英语，以短音 i（易）属之部，以长音 i（哀）属咍部。y 分长短二音，与 I 同，故略之。法、德之 I，y 二音，均有短无长。其作长音读入咍部者，德为 Ei，法为 Ai，皆复母音，非单独一 I 也。中土古韵，灰齐同部，故英语读 F 入齐韵。今韵之齐相近，灰咍亦相近。变迁至为复杂。今分 E，i，i 为三类，而三者源流贯通，中西一辙也。

中国现代之麻韵字，古音多在歌韵。如阿字古在歌韵。今韵歌麻二韵之音并读。山阿之阿，则读入歌韵；阿哥之阿，则读入麻韵。兹取以拟 O，乃歌韵之阿，非麻韵之阿。今江、浙两省及安徽之徽州，读巴、卡、马、那、夸、查、华等字，尚在歌韵，他省皆读入麻韵，故取以拟 A 韵之音。西文中，亦有歌麻二韵相通者，例如英语之 law，was，walk，all 等字之 A，皆读与 O 同。

中国古韵，尤虞相近。今音若杜、柔、路、缪、奴、鲁、素、图、浮、祖等字，尚尤虞并读。英文读 u 音之字，尤（Pure）虞（Put）兼有。法、德读 u，只合虞韵。今二者并列。

复母音 Ai 同 E（灰韵）。Ie 同 I（之韵）。Eu 同 u（尤韵）。英文：Ew 同 u（尤韵）。Ou（敖）读若萧韵。Ow（敖阿）或读若萧韵，或读若歌韵。法文：Au 同 O。Ou 同 ü（虞韵）。Eau 同 O。Oi 读音如 Wa。Ei 同 E。兹均从略。

梵文所谓随韵随鼻韵者，皆于字上加点作 M 音。今欧洲语言学者，亦多谓 M，N 为半母音。证以中国江、阳、先、仙、真、庚、东、冬诸韵，其为 A，E，I，O 诸母音，与半母音 N 相合而成一复母音也，确无疑义。兹故别为一音类。M 同 N，不另列。

英文读 E 入齐韵。且在语尾时，概无母音之作用。今拟 E 行之字，多为译法、德文而设也。

B 声合华音帮母，P 声合华音滂母，D 声合华音端母，T 声合华音透母，固皆画然分别也。华音：帮、滂均属重唇，端、透均属舌头。故华译西文，B，P 不分，D，T 相混。然此亦不独华译为然，即西人语言，每多混乱。例如英人读语尾之 D，恒作 T 音。法人读 Paris 为 Baris，读 Palais 为 Balais，读 Station 为 Sdation。是皆 B 与 P、D 与 T 之相乱也。华译欧罗巴，及法都巴黎、巴那马运河，均已沿用日久，未便改易。今后译者，B 之与 P，D 之与 T，不可无别也。

C 分刚柔二声。刚声同 K，柔声同 S，故不另列。

F，V，W 声，合华音非、奉、微三母。同属轻唇，而皆有分别。旧译 V 声，不轻乱于 F，即重乱于 W。今后译 F 声必用非母之字，V 声必用奉母之字，W 声必用微母之字，始各厘然有当也。

J 声，德文读同 Y 声。英文固有名词中，J 声不甚多。其重要者，如 Jesus，华译曰耶稣。Jerusalem，华译曰耶路撒林。John，华译曰约翰。Johnson，华译曰约翰生。Judea，华译曰犹太。Jordan，华译曰约但河。Joseph，华译曰约瑟夫。皆从德音［约但河，希伯来音原作 Yarden。荷兰神学者 Yansen，英文作 Jansen。南美洲哥伦比亚之 Yapura 河，英文作 Japura（音读则作 Yapora）。罗马尼亚 Yäshe 城，英文作 Jässy。是译从德音者较正也］。法文固有名词中，J 声极多。故 J 声皆拟以华音日母之字，专为译法文计耳（华音日母之字，古时多在泥母。尔、耳、二、热、日、人、染、认、儿、弱等字，今江、浙两省均读在泥母，故章太炎先生作音表，以日母之字附属泥母，不另立。然证以法文 J 声，华音日母仍有独立存在之必要也）。

C 之刚声，于华音属溪母。G 之刚声，于华音属见母。均有分别。华译 C 声，多乱于 G。例如 Columbia 译曰哥伦比亚，是读 Co 为 Go 矣。K 声亦属华音溪母，与 C 之刚声同。

G 之刚声，于华音属见母开口正韵。G 之柔声，为其副韵（中国甲、加、家、假、角、街、江等字，亦均有正刚副柔二种音读）。Gu 之声，于华音属见母之合口韵。C 之刚声及 K 声，于华音属溪母开口正韵。Ch 之声（以英语言），为其副韵（中国客、确、敲等字，均有正刚副柔二种音读）。Qu 之声，于华音属溪母之合口音。由是观之，G 声与 C（K 同）声，虽同为牙音，而声类各别。其副韵合口之变化，亦统系分明，不容紊乱也。

法、德文读 Ch 之声，等于 Sh，与英文大异。然以华音证之，亦可明其声变之例。华音牙喉二音，自来相通［章太炎先生音表（见《新方言》）分五音三类，牙喉二音列为一类，善矣］。例如牙音之溪字，可读入喉音之晓母；牙音之疑字，可读入喉音之喻母（日本汉音，喉音之字多读入牙音溪母。如影、香、兴、刑等）。法、德之读 Ch 如 Sh，犹夫华语读牙音溪母之溪（Chi）字，如喉音晓母之希（Shi）字也（因牙喉二音相通，遂明英、德读 J 声不同之理。英文读 J 如 G 之柔声，于华音属牙音之见母。德文读 J 如 Y，于华音属喉音之影母）。

L，N，R 三声，亦易混乱。依华音，L 在来母，N 在泥母，R 则为弹舌音［佛典译者，用此译梵文 R 韵（梵文单韵九，轻重 R 居其二），于来母之字加口旁为识］。泥母属舌头音，来母属半舌半齿音，其分别盖显然也。今译 L 声者，皆用来母之字，不误。译 N 声者，间或误入来母，然大体亦均用泥母不误。惟译 R 声者，自来与 L 声无别。例如：亚喇比亚（Arabia）、西伯里亚（Siberia）、罗兰（Rolland）、莱因河（Rhein）等是也。盖弹舌声法，不易标识，混乱久矣。今只得姑仍其旧。

译佛典者，以迦（CK）别加（Q 柔音 J），又以伽（G 刚音）别迦（CK），以啰（R）别罗（L），似可采用也。

I 之与 yi，音有短长。以易、伊别之。尔在日母（或泥母）。以之译属于来母之 L，本不适当。今无相当之字，姑仍旧译惯例。

译字如杜、狄、戴、谷、李、雷、钮、张、陈、秦、查等，乃为译姓计也。Chi 之译支，本不适合，以支那[①]已成定名也。Ton 之译顿，尤非是，然以 Washington（华盛顿）、Milton（弥尔顿）、Boston（波斯顿）、Gladstone（格拉斯顿）久有定名，只得仍其旧也。En 之译为英，In 之译为印，皆从英吉利、印度之定名。Shan 之译为上，从上海之定名。Ki 之译其，从土耳其之定名。余仿此。

En 之音，法文多读同 An，德文读同华音先韵，英文读同真文韵。华音真、文、先三韵相近，故 En 行之字二者并用。

上所论列，略具梗概而已。海内宏达，倘广赐教正，使译音得就统一，未始非学者节时省力之一道也。

一九一六，十二，一

① 原文如此。今该词已不再使用。

人生真义

人生在世，究竟为的甚么？究竟应该怎样？这两句话实在难得回答的[①]很。我们若是不能回答这两句话，糊糊涂涂过了一生，岂不是太无意识吗？自古以来，说明这个道理的人也算不少，大概约有数种：第一是宗教家，像那佛教家说：世界本来是个幻象，人生本来无生；“真如”本性为“无明”所迷，才现出一切生灭幻象；一旦“无明”灭，一切生灭幻象都没有了，还有甚么世界，还有甚么人生呢？又像那耶稣教说：人类本是上帝用土造成的，死后仍旧变为泥土；那生在世上信从上帝的，灵魂升天；不信上帝的，便魂归地狱，永无超生的希望。第二是哲学家，像那孔、孟一流人物，专以正心、修身、齐家、治国、平天下，做一大道德家、大政治家为人生最大的目的。又像那老、庄的意见，以为万事万物都应当顺应自然；人生知足，便可常乐，万万不可强求。又像那墨翟主张牺牲自己、利益他人为人生义务。又像那杨朱主张尊重自己的意志，不必对他人讲甚么道德。又像那德国人尼采，也是主张尊重个人的意志，发挥个人的天才，成功一个大艺术家、大事业家，叫做寻常人以上的“超人”，才算是人生目的；甚么仁义道德，都是骗人的说话。第三是科学家。科学家说人类也是自然界一种物质，没有甚么灵魂，生存的时候，一切苦乐善恶都为物质界自然法则所支配；死后物质分散，另变一种作用，没有联续[②]的记忆和知觉。

---

① 旧同“得”。本篇下文同。

② 今作“连续”。本篇下文同。

这些人所说的道理，各个不同。人生在世，究竟为的甚么，应该怎样呢？我想佛教家所说的话，未免大[①]迂阔。个人的生灭虽然是幻象，世界人生之全体，能说不是真实存在吗？人生“真如”性中，何以忽然有“无明”呢？既然有了“无明”，众生的“无明”何以忽然都能灭尽呢？“无明”既然不灭，一切生灭现象，何以能免呢？一切生灭现象既不能免，吾人人生在世，便要想想究竟为的甚么，应该怎样才是。耶教所说，更是凭空捏造，不能证实的了。上帝能造人类，上帝是何物所造呢？上帝有无既不能证实，那耶教的人生观便完全不足相信了。孔、孟所说的正心、修身、齐家、治国、平天下，只算是人生一种行为和事业，不能包括人生全体的真义。吾人若是专门牺牲自己，利益他人，乃是为他人而生，不是为自己而生，决非个人生存的根本理由；墨子的思想，也未免太偏了。杨朱和尼采的主张，虽然说破了人生的真相，但照此极端做去，这组织复杂的文明社会，又如何行得过去呢？人生一世，安命知足，事事听其自然，不去强求，自然是快活的很。但是这种快活的幸福，高等动物反不如下等动物，文明社会反不如野蛮社会；我们中国人受了老、庄的教训，所以退化到这等地步。科学家说人死没有灵魂，生时一切苦乐善恶，都为物质界自然法则所支配，这几句话到[②]难以驳他[③]。但是我们个人虽是必死的，全民族是不容易死的，全人类更是不容易死的了。全民族全人类所创的文明事业，留在世界上，写在历史上，传到后代，这不是我们死后联续的记忆和知觉吗？

照这样看起来，我们现在时代的人所见人生真义，可以明白了。今略举如左[④]：

——人生在世，个人是生灭无常的，社会是真实存在的。

---

① 〈古〉同“太”。

② 今作“倒”。

③ “五四”以前“他”兼称男性、女性以及其他一切事物。［见《现代汉语词典》（第7版）］

④ 原书竖排，从右至左读，故曰“左”。

——社会的文明幸福，是个人造成的，也是个人应该享受的。

——社会是个人集成的，除去个人，便没有社会，所以个人的意志和快乐，是应该尊重的[①]。

——社会是个人的总寿命，社会解散，个人死后便没有联续的记忆和知觉，所以社会的组织和秩序，是应该尊重的。

——执行意志，满足欲望（自食色以至道德的名誉，都是欲望），是个人生存的根本理由，始终不变的（此处可以说“天不变，道亦不变”）。

——一切宗教、法律、道德、政治，不过是维持社会不得已的方法，非个人所以乐生的原意，可以随着时势变更的。

——人生幸福，是人生自身出力造成的，非是上帝所赐，也不是听其自然所能成就的。若是上帝所赐，何以厚于今人而薄于古人？若是听其自然所能成就，何以世界各民族的幸福不能够一样呢？

——个人之在社会，好像细胞之在人身，生灭无常，新陈代谢，本是理所当然，丝毫不足恐怖。

——要享幸福，莫怕痛苦。现在个人的痛苦，有时可以造成未来个人的幸福。譬如有主义的战争所流的血，往往洗去人类或民族的污点；极大的瘟疫，往往促成科学的发达。

总而言之，人生在世，究竟为的甚么？究竟应该怎样？我敢说道：

个人生存的时候，当努力造成幸福，享受幸福；并且留在社会上，后来的个人也能够享受。递相授受，以至无穷。

一九一六，二，十五

① 原文如此。依今语法，应作“是应该被尊重的”。本篇下文同。

驳康有为《共和平议》

一月前，即闻人言康有为近作《共和平议》，文颇冗长可观，当时以不能即获一读为憾。良以此老前后二十年，两次谋窃政权，皆为所援引之武人所摈斥（戊戌变法，见摈于袁世凯；丁巳复辟，见排于张勋），胸中郁抑不平之气，发为文章，必有可观；又以此老颇读旧书，笃信孔教尊君大义，新著中必奋力发挥君主政治之原理，足供吾人研究政治学说之资，虽论旨不同，无伤也。乃近从友人求得第九、十两期合本《不忍杂志》读之，见有《共和平议》及《与徐太傅书》，一言民主共和之害，一言虚君共和之利（前者属于破坏，后者属于建设；不读后者，不明其立论之全旨，故此篇并及之），不禁大失望！

《共和平议》凡三卷二万四千余言，多录其旧作及各报言论，杂举时政之失，悉归罪于共和，词繁而义约，不足观也；与徐书，颇指斥专制君主之非，盛称虚君共和之善，且譬言虚君共和之君主，如土木偶神，如衣顶荣身之官衔，一若国家有此土木偶神，有此衣顶荣身之官衔，立可拨乱而反治，转弱而为强，其言之滑稽如此！

《共和平议》卷首题言，用《吕览》之例，有破其说者，酬千圆。吾观吕氏书，其自谓不能易一字，固是夸诞，然修词述事，毕竟有可取处；若康氏之《共和平议》，虽攻之使身无完肤，亦一文不值！盖其立论肤浅，多自矛盾，实无被攻之价值也。

康氏原作，文繁不及备录，兹录其篇目，要义可见矣。

导言：

求共和适得其反而得帝制。

求共和适得其反而得专制。

求共和为慕美国，适得其反而为墨西哥。

求共和若法今制，适得其反而递演争乱，复行专制，如法革命之初。

民国求共和设政府，为保人民和平、安宁、幸福、权利、生命、财产而适得其反：生命、财产、权利、安宁，皆不能保，并民意不能达。

求共和为自强、自立、自由，一跃为头等国，而适得其反，乃得美、日协约之保护如高丽，且直设民政如属地，于是求得宣布中国死刑之日。

《新闻报》论日、美协同宣言曰：代议员绝非民意，号民国而无分毫民影。

民国六年未尝开国民大会，所有约法、参议院、国会、行政会议、约法会议、宪法，皆如一人或少数武人专制之意，而非四万万民意。

中国共和根本之误在约法为十七省都督代表所定，则非四万万之民意。

民国政府明行专制必不开国民大会，故中国宪法永不成而无共和之望。

中国即成共和之宪法，亦虚文而不能行。

中国武人干政，铁道未通，银行听政府盗支，无能监理，与共和成鸿沟，绝流无通至之理。

中国武力专制永无入共和轨道之望，不能专归罪于袁世凯一人。

武人只有为君主之翼戴，或自为君主而与民主相反不相容。

中国若行民主，虽有雄杰亦必酿乱而不能救国。

中国必行君主，则国不分裂。

中国若仍行民主，始于大分裂，渐成小分裂，终遂灭亡。

日本《每日新闻》论中国政局之支离灭裂，蹈俄国、波斯、突厥之覆辙。

——以上第一——

此卷各篇之总义：谓今之中国武人专政，国民无力实行共和，徒慕共和之虚名，必致召乱亡国。愚以为立国今世，能存在与否，全属国民程度问题，原与共和君主无关；倘国民程度不克争存，欲以立君而图存，与欲以共和而救亡，乃为同一之谬误。以吾国民程度而言，能否建设民主共和，固属疑问；即以之建设虚君共和制，成立宪君主制，果足胜任而愉快乎？敢问康氏及读者诸君以为如何？无论民主共和，或虚君共和，或君主立宪，只形式略异；而国为公有，不许一人私有，武人专政，则一也。吾国民果能遮禁武人专政，使国为公有，是岂有不能实行民主共和之理？倘曰未能，虽有君主，将何以立宪乎？更将何以虚君共和乎？纷争日久，国力消亡，外患乘之，覆灭是惧，此象共和君主之衰世皆有之，非独见诸共和时代也。不必远征往史，即前清道、咸之间，庚子之乱，取侮召亡，岂非眼前君主时代之事乎？

以上诸问，康氏倘不能解答，其主论之基础完全不能成立。

以下列举其荒谬之想，矛盾之言，以问康氏，以告国人：

康氏全文发端，即盛称共和之美曰："夫以专制之害也，一旦拨而去之，以土地人民为一国之公有，一国之政治，以一国之人民公议之；又举其才者贤者行之，岂非至公之理至善之制哉？"又曰："鄙人昔发明《春秋》太平世无天子之义，《礼运》大同公天下之制，与夫遥望瑞士、美、法共和之俗，未尝不慨然神往，想望治平。"后文乃谓："吾国人民，本无民主共和之念，全国士夫，皆无民主共和之学。"又谓："若美、法诸国，设代议士而号称民意；而选举之时，皆以金钱酒食买之，不过得一金钱一酒食之权云尔，非出于真知灼见是非好恶之公也，何民意之足云！”是不独其言前后自相矛盾，且对于美、法共和而亦加以诅咒，况堕地六年之中华民国乎？康氏诅咒中国之共和，非谓其求共和为慕美、法，适得其反而诅咒之乎？今并美、法之共和而亦诅咒之，可见中国共和政治，即比隆美、法，而皆适得其反，亦不免康氏之诅咒也。以法、美之共和，尚为人所诅咒，堕地六年之中华民国，虽为人所诅咒也，庸何伤？康氏须知善恶治乱，皆比较之词，今世共和政治，虽未臻至善极治，较古之君主时代之黑暗政治，岂不远胜乎？（即我国之共和，虽尚无价值，而杀人夺货之惨酷，岂不愈于三国唐末五代之事乎）且今世万事，皆日在进化之途，共和亦然。共和本无一定之限度，自废君以至极治之世，皆得谓之共和，虽其间程度不同，而世界政制，趋向此途，日渐进化，可断言也。因其未至，而指摘之，诅咒之，谓为不宜，必欲反乎君政，将共和永无生长发达之期，不亦悖乎？康氏若效张勋、辜鸿铭辈，自根本上绝对排斥共和，斯亦已矣，然明明主张无天子公天下之义，又盛称共和拨去专制之害矣，复谓今非其时，但强行之，徒以乱国，夫共和果为善制，择善而行，岂有必待来年之理？吾人行善，更不应一遇艰难即须反而为恶。譬之缠足妇人，初放足时，反觉痛苦不良于行，遂谓天足诚善，今非其时，复缠如旧，将终其身无放足之时矣。又如人露宿寒郊，僵冻欲死，初移温室，不克遽苏，而云仍返寒郊，始能续命乎？其谓共和虽善，此时行之中国而无效，不如仍立君主者，何以异是？

康氏谓：“今中国六年来为民主共和之政，行天下为公之道，岂不高美哉？当辛亥以前，未得共和也，望之若天上；及辛亥冬，居然得之，以为国家敉宁，人民富盛，教化普及，德礼风行，则可追瑞士，媲美、法，可跻于上治，而永为万年有道之长矣，岂非吾人之至望至乐？嗟乎！宁知适得其反耶！”又曰：“求共和为自强、自立、自由，一跃而为头等国，而适得其反。”夫民国六年操政权者，皆反对共和政治之人。共和名耳，何以责效？即令执政实行共和，国利民福，岂可因之立致？美、法、瑞士之兴隆，更非六年所可跻及（美、法无论矣，即日本之改革，内无阻力，尚辛苦经营数十年，始有今日）。共和虽善，无此神奇。康氏讥国人误视共和为万应丸药，其实国人何尝如是，有之惟康氏自身耳；且其指摘六年以来之秕政，不遗余力，既云宁知适得其反，又云为民主共和之政，行天下为公之道，跌宕[①]为文，固以作态，绳之论理，将焉自诠乎？

求共和适得其反，而得帝制，而得专制，诸共和先进国非无其例，何独以此归罪于吾国之共和耶？共和建设之初，所以艰难不易现实，往往复反专制或帝制之理由，乃因社会之惰力，阻碍新法使不易行，非共和本身之罪也。其阻力最强者，莫如守旧之武人（例如中国北洋派军人张勋等）及学者（例如中国保皇党人康有为等）。其反动所至，往往视改革以前黑暗尤甚，此亦自然之势也。然此反动时代之黑暗，不久必然消灭，胜利之冠，终加诸改革者之头上，此中外古今一切革新历史经过之惯例，不独共和如斯也。平情论事，倘局视反动时代之黑暗，不于阻碍改革者之武人学者是诛，而归罪于谋改革者之酿乱，则天壤间尚有是非曲直之可言乎？此理此事，不必上征往古，取例远西，即以近事言之，戊戌变法，非吾国文明开发之始基乎？当时见阻于守旧之军人（荣禄、袁世凯等）、学者（张之洞、叶德辉等），致召庚子之难，一时复旧，残民之政，远甚于变法以前，平情论事，不于当时守旧党荣、袁、张、叶是诛，而归罪于谋变法者康、梁与夫死难六贤之酿乱，则天壤间尚有是非曲直之可言乎？康氏诅咒共和，无所不用其极，乃至以破坏共和者洪宪帝、督军团之所为，亦归罪于共和，休矣康氏，胡不自反！

吾人创业艰难，即一富厚之家，亦非万苦千辛莫致；况共和大业，欲不任极大痛苦，供极大牺牲而得之者，妄也。其痛苦牺牲之度，以国中反对共和之度为正比例。墨西哥及法国革命之初，所以痛苦牺牲剧烈者，正惟狄亚士、拿破仑辈反对共和剧烈之故耳，岂有他哉？中华民国六年之扰

---

① 原文为“跌岩”，当误。今依文义改为“跌宕”。

乱，亦惟袁氏及其余臭反对共和之故耳，岂有他哉？康氏倘不忍使祖国递演争乱，如墨西哥如法国革命之初，正宜大声疾呼，诏国人以“天下为民公有之义”与夫“《春秋》太平世无天子”“《礼运》大同公天下”诸说，使窃国奸雄知所敛抑，奈何日夜心怀复辟，且著书立说，诅咒共和，明目张胆，排斥民本主义，将以制造无数狄亚士、拿破仑、袁世凯以乱中国哉！

康氏既曰：“以土地人民为一国之公有，一国之政，以一国之人民公议之，又举其才者贤者行之，岂非至公之理至善之制哉？”又曰：“共和为治，非以民为主耶？考美国宪法，最重之权利法典，为保人民身体之自由及财产之安固，各国同之，美各州宪法尤重此义，皆首举之，有二十六州，明定之曰：人民皆享受保护其生命自由与天然权利。”又曰：“凡自由政府，以人民之权威为基础；政府为谋人民平和安宁幸福及保护财产而设之者。南州、路易、诗烟拿之宪法，尤深切著明曰：凡政府自人民而起，操人民之意志因人民之幸福而设立，其唯一之目的，在保护人民使享有生命自由财产。此数语乎，真共和国之天经地义矣！”又曰：“夫民意乎，岂自民国之主体乎？”又曰：“欧、美之政体，只争国为公有，而不争君主民主。”又曰：“吾三十年前著《大同书》，先发明民主共和之义，为中国人最先。”又曰：“以数千游学之士……拾欧、美已过之唾余、不中时之陈言，曰自由也，曰共和联邦也……”又曰：“今民国群众所尚、报纸所哗，则新世界之所谓共和、平等、自由、权利、思想诸名词也……以风俗所尚，孕育所成，则只有为洪水猛兽布满全国而已！”又曰：“鄙人不以民主为然也。”又曰：“吾国人醉于民本主义以为万应丸药，无人知其非者！俄、波、突厥亦然。甚矣，醉药之易于杀人也！”忽称自由权利为天经地义，忽又称为洪水猛兽，不中时之陈言；忽而赞美国为公有，凡政府自人民而起、为人民而设之说；忽又指斥为民本主义争国为公有者乃饮药自杀；忽自称为发明民主共和之先觉；忽又自称不以民主为然。——是殆国便骋词，任意取舍，遂不觉言之矛盾也！

康氏所谓中国不宜民主共和，而宜虚君共和之理由有三：曰武人专政，曰铁道未通，曰银行听政府盗支。按此三者，本国之大患，无论若何国体，若何政制，都不相容，不独限于民主也。民主共和而武人专政，则为狄克推多；虚君共和而武人专政，则为权奸。其义一也。

康氏谓："君主国之制，自上及下，故将校得借君主之威灵而驭下，而后其下懔威而听命焉！民主国之制，自下以及上，故将校借士卒之力而后其上畏威而听命焉。无世爵之延，以结其不叛之心；无忠义之名，以鼓其报效之气。故不足以收武人之用，而反以成其跋扈之风也。"夫以盛时而言，康氏见德、日军人服从其君主，独不闻法将霞飞威震邻邦，而俯首听命于国会乎？以衰世而言，汉之莽、卓，唐之藩镇，独非君主时代之事乎？即以近事证之，辛亥之役，即不废帝政，袁世凯握八镇之兵，行操、莽之事，挟天子以令诸侯，视六载伪共和，不更暗无天日乎？（即就康氏自身而论，戊戌亡命所受之痛苦，岂不较今为甚？）再以最近事证之，去年复辟之役，康氏所谓"复辟可反攻以讨逆，旧君之义可废，何有于法"，可见帝政复兴，亦无以结其不叛之心，鼓其报效之气也。

又康氏与徐东海书云："惟绍帅专心兵事，其政治大计，皆付托左右，遂至其左右隐操大权，刚愎自用而专断。……先是吾代草诏书，用虚君共和之义，定中华帝国之名，立开国民大会而成宪法，即召集国会而速选举，其他除满汉，合新旧，免拜跪，免避讳等诏，皆预草数十，以备施行，及见排不用……"呜乎[①]！大权犹未操，已是何等景象！武人秉政而谓能国为公有、虚君言治邪？嗟嗟康氏，幸不为蔡伯喈耳，见排不用，犹未为大辱也！

康氏曰："凡共和之国，必须道路交通而后民情可达；又必道路交通而后无恃险阻兵，以酿战争……今吾国创造铁路，南不能至川、滇、黔、粤，北不能通新疆、甘肃、陕西，故西南得以负险而称兵，政府亦不能陈

① 今一般作"呜呼"。

兵旅拒之。其初敢抗拒政府者，肇于僻远之云南，渐及负险之四川。”夫道路交通，固立国之要政，何独限于共和耶？岂君主国与夫虚君共和国，道路皆不必交通，民情可不必宣达耶？康氏所理想之虚君共和，不识是何等黑暗景象！西南义师，正以道路修阻，得扑袁帝而保共和。康氏所云，为袁帝鸣不平则可，若引此以为中国不宜共和之证，却正与事实相反。

康氏曰：“凡共和之国，必在财政与国民共之，而政府不能分毫妄支焉。今中国、交通两银行，皆为政府所欲为，国民虽有资本，国民虽有贮金，而政府妄支，以养私人，以行暗杀，以战敌党，而国民不能知其数，更不能监理之，坐听其亏空、停止兑现而已。”按袁皇帝盗国币以行暗杀，以战敌党，以致停止兑现，此正政府不行共和之果，非中国不宜共和之因。倒果为因，殊违论法。而康氏或曰：国民何以不能监督政府，听其妄支妄为，不行共和，此非中国不宜共和之因乎？然则国民若不能监督政府之妄支妄为，即君主国又何以立宪，又何以虚君共和、国为公有乎？

康氏以此三种理由，谓中国不宜民主共和，而宜虚君共和，毋宁谓中国不宜共和而宜君主专制，毋宁谓中国不宜共和，而宜酋长专制，更毋宁谓其不能存在于今世。良以今世国家，若武人专政，道路不通，国民无力监督政府之妄支妄为，未有不灭亡者也，岂独不能共和哉！

康氏所指摘民国六年以来之政象，谓为共和所致者，如左[①]：

袁世凯称帝——失去外蒙、西藏道里物产无算——各督跋扈，狎侮轻玩中央——无国会，无宪法——督军团跋扈于前，西南割据于后——烟酒盐关教育实业之拒派遣——府院争权——令长吏授意，举其私人为议员——增兵至八十师团，兵费至二万万两——不经国会公决而组内阁，而借外债，而宣战——解散国会，召集参议而废约法——增外债数万万——围议院迫议员——政府妄支国币以养私人，以行暗

① 原书竖排，从右至左读，故曰“如左”。

杀，以战敌党——中国银行积款八千万已为洪宪盗而称帝——矫诬民意强迫议员签名布告中外以拥袁帝——总统总理日日盗取银行——政费日增，赋敛日重，富者远徙，民生日蹙——诸将争权，人民生命财产损失无算，生机断绝——私抽赋税，妄刑无辜，民不堪命——六年以来无预算决算之表示，民不敢过问——新税加征，公债强迫——元年京、津之变，损失逾万万——袁世凯月用八十万金，其施之于侦探暗杀五百万金——六年四乱，商务大败，银行停止兑现，纸币低折——袁称帝而川、湘、粤大受蹂躏——开平之煤，招商局之船，汉冶萍之铁厂，亦可押于外人——袁世凯善用金钱收买，习而成风——癸丑江、赣、粤、楚之战，死民无数——贤才摧弃，若赵秉钧、宋教仁以暗杀死，谭典虞、汤觉顿无辜被戮——对于蔡锷、曹锟、张敬尧、梁士诒等赏罚错——非法之假政府逮捕真国会之二百议员——密订军械借款及凤皇山铁矿合办之约

上列政象，有一非反对共和之袁世凯及其爪牙“会议徐州，决行复辟，出名画诺，信誓旦旦之十四省督军”（用康氏与徐东海书中语）之所为乎？此正不能厉行共和之果，而谓为共和所致，且据此以为中国不宜共和之因，倒果为因，何颠倒一至于此！

康氏谓民国六年，未尝开国民大会，又谓代议员绝非民意。试问康氏所谓国民大会，乃不用代议制乎？夫国民直接参政，诚属共和之极则，然非分裂至极小之国家，或自由都市，此事如何可期？康氏最恶分裂，又反对代议制，不知有何法以通之？倘谓君主国无论大小，国民大会皆可不用代议制，斯真梦呓矣。此时世界立宪国家，无论君主民主，皆采用代议制者，良非得已。代议员之意，固与国民总意（国民总意，亦只多数而非全体）有间，然不愈于君主一人或权贵少数人之意乎？康氏非难共和，并非难代议制，则世界民主共和君主立宪皆无价值，奈何独指此以为中国不宜共和之征乎？代议制虽非至善之法，然居今日遽舍此而言立宪，直借口欺

人耳，盖国民直接参政之时期尚远，必待此而始可共和，始可立宪。吾不知康氏所主张之虚君共和制，将以何法使吾“四万万人，人人自发其意”乎？“若中国土地之大，人民之多，万事之赜，若事事待于合议，则意见各殊，运动不灵，大失事机。故瑞士议长之制，国民公决之法，共和至公至平之制也，但中国之大，则难行也”：此非康氏之言乎？夫自知其难行，而执以非难今日之共和，岂非借口欺人乎？

康氏又谓“中国若行民主，虽有雄杰亦必酿乱，而不能救国”，并引墨西哥之狄亚士为证。康氏不知共和国行政首长不贵有雄杰也。狄亚士之乱墨西哥，正因其自恃雄杰不循共和轨道之故。康氏游墨诗有云：“专制犹存乱岂平？”可谓知言矣。康氏盛称狄亚士，而惜其“若在中土，虽唐太宗、宋艺祖、明太祖何以加焉！不幸生于墨西哥为民主之国，而以专制治。夫以墨积乱三百年，非专制不能为治；然既为民主国而专制，即大悖乎共和之法，而大失乎人心矣”。康氏《参政院提议立国之精神议书后》中，亦有相类之论调曰：“今墨乱已三百年，而今乱日臻；南美共和廿国，殆皆类是；盖未可行共和而宜专制者，若误行之，祸害必大。”康氏论墨西哥事，既以“非专制不能为治”为前提，又惜狄亚士以共和专制而败，然则舍君主专制，墨固无治法矣。康氏数以墨乱戒中国，且云：“中国之广土众民，远过于墨，鉴于去年府院争权，尤非专制不能定乱。”夫既曰“非专制不能为治”“宜专制”“尤非专制不能定乱”，其心其志，盖已昭然，何国为公有云乎哉！何虚君共和云乎哉！呜呼康氏！一面主张国为公有，讥民国政府“为专制君主之私有其国”，讥“国人不通政学，不知欧、美政体之徒争国为公有，而不争民主君主之虚名”，而一面又主张专制。呜呼康氏！果何以自解？吾知康氏所精通之政学，一言以蔽之曰：借口欺人而已！

民国两年已失蒙、藏、辽地二万里。

民国之内乱如麻，川、粤惨剧将演于各省，而国民日危。

近者，长沙内变，惠、潮兵争，而宁波又独立，浙江又风起云涌矣。凡此皆由南北争权利为之，而实共和为之也。湘、粤、浙之同胞乎，憾共和可也！

曹、王、陈、李四督最后忠告之通电。

民国之兵只可自乱。

民国之兵费必亡国。

民国数年之外债过于清室百年，再增一倍半，即可如埃及之亡国。

民国苛敛，数倍清室，加之丧乱频仍，致民生凋敝，四海困穷。

民国之官方只同盗妓。

民国之贤才必隐沦摧弃。

民国高谈法治，而法律赏罚皆颠倒奇谬，甚于野蛮无法。

民国之物质扫地同于野蛮。

民国之媚外类于黑奴。

民国之学术只导昧亡。

民国之教化崇尚无良，无耻，无恒，沦于禽兽。

民主政府内争者必一切不顾，甘卖国而竞当前之权利，而吾国民听其鬻若南洋之猪仔。

凡共和政府必甘心卖国，若近者军器同盟及凤皇山铁矿事一端。

李烈钧致南京李督军、武昌王督军、南昌陈督军电。

民国之政俗坏乱，人莫不厌之、愤之、忧之、怒之。

吾旧论中国行民主必不能出美洲、墨国、印度乱惨分立之轨道，不幸而言中。

——以上卷二——

是卷各篇之总义：乃举所有中国丧权辱国兵争民困一切政治之不良，悉归罪于共和民主。夫共和果为如是不祥之怪物耶？君主政治之下，此等不良之政象，果无一能发生者耶？康氏所举事实，虽不尽诬，使民国字样，悉易以中国，则予固无词以驳之。若其归罪于共和，则共和不受也。若其归罪于伪共和则可，而真共和不受也。真共和而可不经国会许可，与外国订丧失蒙、藏之条约耶？真共和而有“以十五条易帝制”，听外人设警察之事耶？真共和而有谋复帝制，废弃国会，非法内阁，致滇川、湘、浙、粤之兵争耶？真共和而可以国币贿买海陆军，以制造内乱耶？真共和而可不经国会之认可，大借外债，以增军队杀敌党行专制耶？真共和而可任意苛敛浪费，无须国会之预算决算耶？真共和而文官可以妻妾营差，武官则不识字之督军（此等督军，只可与言复辟尊孔）遍国中耶？真共和而贤才隐沦且遭暗杀耶？真共和而有法律无效之事耶？真共和而有空言礼教，不尊重科学，力图物质文明者耶？真共和而容有因内争卖国之政府耶？真共和而可不经国会之认可，而订军器同盟私卖矿山之约耶？——凡此康氏所痛恨者，吾人亦痛恨之。正惟痛恨之，乃希望实行真共和始有以救之；若君主专制，则无济也。盖君主专制之国，无法律（专制国之法律，君主得以个人私意兴废之），无民权，无公道，政无由宁，乱无由止。康氏谓中国非专制不能定乱，康氏独不思六朝五代晋室八王及欧洲中世之黑暗，皆帝王专制而非共和耶？

康氏或曰：专制定乱，纵不可必，然非至大同之世，真共和又岂可期；伪共和实为召乱之媒，故不若虚君共和，既去帝王专制之弊，又无以兵争政之忧，不亦善乎？按此亦似辩而实非也。夫自政治原理言之，虚君共和与民主共和，本非异物，施行此制时所需于国民之德之力，均不甚相远；所不同者，惟元首世袭与选举之别耳。康氏论选举制之弊曰：“行总统制，则必由专制而复于帝制，人民不服，必复乱；行责任内阁制，则府院不和，必各拥各省督军以内乱。”又曰：“美总统之制，仅统内阁之群吏，于各州自治无预也。中国之总统，则统各省之行政，其事权之大，百倍于美总统矣。然中南美之总统也，必以兵争。”又曰：“法责任内阁之制，乃鉴于革命八十三年之乱，不敢复行旧总统制也；见英行虚君共和制之安乐也，乃仿行之，以总统为虚君也，岂知英之虚君，世袭而非选举，论门第而不论才能，故不与总理争权，故能行之而安也。”夫总统制与内阁制，各有利弊，本政治学者所苦心讨论之问题，然未闻有以虚君制能解决此难题者。盖虚君制虽不发生总统选举问题，而内阁制之弊依然存在也。内阁而亦世袭耶？则必无此事理。内阁而由君主任命耶？则专制而非虚君矣。内阁而由国会推举耶？则今之英制与法无异。虚君制之内阁，即不与虚君争权，保无以兵争总理之事乎？且保无欺虚君之无权，效操、莽之篡窃乎？依人为而言政制，盖无一而可者。若云预防流弊，则采用康氏所深恶痛恨之联邦制，更益以责任内阁，岂不足以防总统之专制乎？兵争总统之事，不当稍杀乎？倘云诸制悉非至善，则舍从康氏“非专制不能定乱”之本怀，固无他法矣。

中南美廿民国除智利、阿廷根[①]外皆大乱。

俄改民主共和必内乱且分裂，苟不改，渐或致亡。

民主政体可行于小国，不可行于大国。

民主能行于大国，只有一美，然美有特因。

天下古今民主国无强者。

罗马与英皆由民主改君主而后盛强。

吾二十年前著《大同书》，先发明民主共和之义，为中国人最先。

美国共和之盛而与中国七相反，无能取法，误慕师之，故致乱。

法国取法美国尚致乱，何况中国相反之极？

中南美洲廿共和国全师美国尚致乱，何况中国去美之远？

法共和制不良，中国不可行。

葡制与中国不同，不能行。

瑞士制为小国联邦，与中国相反，尤不能行。

吾有自创之共和制，何虑不能行？

① 原文如此。今作“阿根廷”。本篇下文同。

中国古今无民主，国民不识共和而妄行，故败。

——以上卷三——

此卷各篇之总义：乃谓民主共和政体，不能造成强大国家，遂不能应国际之竞争；是以行之欧美尚利不胜害，况无共和学识与经验之中国乎？

余第一欲问康氏者：今世强大国家果皆君主乎？君主国果皆强大乎？民主国果无一强大者乎？康氏倘未能用统计形式，确定此大前提，则所谓“民主共和不能造成强大国家”，与其反证“非君主不能造成强大国家”之说，故当然不能成立。康氏亦尝称美国共和之盛矣，即法兰西可谓非今世强大国家乎？康氏不尝称雅典、罗马共和时代之武功乎？中南美虽曾经专制者之扰害，然今日果皆大乱如康氏所云乎？近世衰乱而亡之国，若波兰，若印度，若缅甸，若安南，若朝鲜，有一非君主国乎？有一可归罪于共和者乎？且何以近世国家行民主共和而灭亡者，反未之闻也？

第二欲问康氏者：即云共和不能造成强大国家，而近世国际竞争场里，除东洋式昏乱之君主专制国外，果非强大国家，无一存在者乎？弱小而文明国若荷、比、瑞士人民之幸福，果不及强大而野蛮之俄罗斯人乎？此次欧战之结果，除国民消极的自卫外，积极的侵略的强大国家之观念，保无破坏乎？今日之中国，当以宁政苏民、徐图发展为要务（专制政体之下，政无由宁，民无由苏，民力国势，莫由发展），果有造成强大国家之必要与可能乎？

第三欲问康氏者：欧美之行共和，果皆利不胜害，不若君主国一一强盛乎？美、法无论矣，瑞士之安乐如何？二十世纪俄罗斯之共和，前途远大，其影响于人类之幸福与文明，将在十八世纪法兰西革命之上，未可以目前政象薄之（此义非短篇所能罄，当专论之）。若论中南美诸共和国，智利、阿廷根，固康氏所称许；他若巴西、秘鲁诸邦之富盛，不远愈于康氏所梦想之大清帝国乎？康氏蔑视南美之谬见，章秋桐君在《甲寅杂志》中已力证其妄，康氏岂未见之耶？一八二五年，美国建革命纪念碑于

Bunker Hill 时，大雄辩家 Daniel Webster 著名之演说中有云：

> When the Battle of Bunker Hill was fought, the existence of South America was scarcely felt in the civilized world. The thirteen little colonies of North America habitually called themselves the "continent." Borne down by colonial subjugation, monoploy, and bigotry, these vast regions of the south were hardly visible above the horizon. But in our day there has been, as it were, a new creation. The southern hemisphere emerges from the sea. Its lofty mountains begin to lift themselves into the light of heaven; its broad and fertile plains stretch out, in beauty, to the eye of civilized man, and at the mighty bidding of the voice of political liberty the waters of darkness retire.

Webster 氏谓"此南方广土，蹂躏于殖民者屈服垄断顽固之下，不见天日，今始得有一新生命，南半球乃由海底而起"。康氏乃谓为岁岁争乱，视若地狱，又曰："共和国者，共乱国也。"（康氏谓共和国武人争政为共乱国，我谓君主国武人专政为军主国，军主国有不终归大乱、不可救治者乎?）呜呼康氏！诅咒共和，至于斯极！倘有好事者译以告欧美人，当大怪笑至陋极臭之豚尾奴，何以狂妄糊涂如此！

第四欲问康氏者：共和若必由有经验而成，则终古无经验，将终古无成理矣。且最初之经验，又何所托始乎？若不信古无而今有，则古无康有为，何今无经验而竟有之？康有为又未尝为《不忍杂志》，何今竟有之?《不忍杂志》前无《共和平议》一文，何今竟有之？康氏须知自盘古开辟，以至康有为撰《不忍杂志》，其间人事万端，无一非古无而今有也，何独于共和而疑之乎？康氏尝述《春秋》太平世无天子之义，《礼运》大同公天下之制；又谓《易赞》群龙无首为政治之极轨；又称周召共和；又自称先发民主共和之义为中国人最先。又曰："共和民主国，岂待外求于欧美哉？吾粤之乡治，久实行之。吾中国地大而治疏，上虽有君主之专制，而乡民实行自由共和。”又曰：“九江乡绅大，无尤强大者，故无争，能守法，此与雅典略同，真吾国共和之模范也。何必欧美？其不能穷极其治乐者，则以统于大国之下，无外交，无国史，故不焜耀耳。”今奈何忽一笔抹杀，谓“吾国人民，本无民主共和之念；全国士夫，皆无民主共和之学”。又谓：“中国古今无民主，国民不识共和。”又谓：“共和为中国数千年未尝试验之物。”嗟嗟康氏！任意骋词，大有六经皆我注脚之概，奈自相矛盾何！

帝制初改共和，照例必经过纷乱时代，此本不足为异；康氏纯以目前现象乱不乱为前提，遂不惜牺牲六年四战以鲜血购来之共和，欲戴清帝，以求定乱。然又云：“今上海租界，已是小共和国，于中国共乱亦能不乱，然执政者谁哉，吾滋愧言之！”夫康氏政见，但求不乱耳，何必问执政者为何族！又何必言之滋愧！

卢骚所谓“民主之制宜于二万人国”之说，乃指人民直接参政而言；若用代议制，更益以联邦制，“民主政体可行于小国不可行于大国”之说，已完全不能成立。何以证之？请观美、法。康氏所谓大国不能共和之理曰：“小国寡民，易于改良；其最要则不治兵，故无武人，故无武人之干政，即无改君主之事变。”又曰：“若国土既大，则靖内对外，不能不待兵力；既用兵，则最强武者遂为国之君主矣；诸强者并立，则必以兵争政矣。”又曰：“大国必待兵，待兵则不能禁武人干政，故不能行民主共和也。”夫武人干政，甚至以兵争政，固非共和之道，然以国为公有之虚君共和国家，即不妨武人干政，以兵争政乎？若曰未可，则大国不但不能行民主共和，亦并不能行虚君共和也。民主虚君，既均不能行，则治大国舍从康氏“非专制不能定乱”之本怀，固无他法矣。康氏须知今世国家，无论大小，皆有相当之兵力；倘民权未伸，舆论无力，豪强皆可盗以乱政，此固无择于国之大小、君主共和也。若执此以为民主可行于小国不可行于大国之理由，康氏所谓为兵争政乱之南美诸邦，有一大国乎？亦自相矛盾而已！

康氏谓民主能行于大国，只有一挟有天然海界之美，以其四无强邻也。不知近代世界交通便利，宛若比邻，欧人足迹，无所不至，远洋荒岛，皆有主人。民主政治，若不能行之美国而致衰乱，天然海界，乌足以庇之？法兰西属地人口之众，不可谓非大国，岂亦有天然海界、四无强邻耶？

国家制度，犹之私人行为，舍短用长，断无取法一国之事，更无必须地理、历史一一相同，然后可以取法之理。乃康氏举中国不同于美者七事，谓为无能取法。谓中国若欲师美，“（一）请先掘西藏、印度、波斯、安南、中亚细亚为一大太平洋；迁西伯利亚之俄罗斯于欧洲，而听其为殖民地；移日本于南美洲，以为大东洋：则四无强邻，高枕而卧，可以学美矣。（一）又必烧中国数千年之历史书传，俾无四千年之风俗以为阻碍；又尽迁四万万人于世界之外，但留三百万之遗种（倘留三百万零一人，不知能师美与否?），以耕食此广土而复归于朴僿[①]。（一）又令于明、清两朝时，先改为十三国殖民地（十二国不知可行否?），设十三议院，及十三总统，然后令乃费尽诸志士才人之心肝口舌，以八年奔走之力说合之。（一）又令英、俄、德、法、日本尽废其铁路、轮船、铁船、飞船、无线电，种种奇技异器。（一）国内又尽去百万之兵，只留警察；若能是，则学美之总统制可也，为联邦制亦可也。（一）然尚须上议院监限其总统之权。”夫必地理、历史一一酷肖如此，然后可以取法他国政制，则世界各国，皆应自为风气，未可相师矣，有是理耶？康氏固以英之虚君制教国人者，试问英之地理、历史，有一与吾华相同者乎？康氏其有以语我？虚君共和外，康氏复有自创之共和制，自谓：“上禀孔子群龙无首之言，外采希腊、罗马、德、瑞、美、法之制，内采唐虞四岳、周召共和之法，合一炉而冶之，调众味而和之，其或可行乎。”其制维何？即于国会外，立元老院为最高机关，各省区公举元老一人，额数二十人，轮选七人为常驻办

---

① 原文如此。

事员，分掌外交、兵事、法律、平政、国教五事，公举议长、副议长各一，其议长之制如瑞士。

按康氏此制，所谓元老院职掌之五事，皆不越行政范围，与立法事无关涉；所不同于总统府者，惟人数加多，不由国会选举耳。而康氏不曰改总统府为元老院，乃曰于国会外立元老院，诚令人索解不得也。人数加多，且分掌大政，适与内阁各部为骈枝，则院院之争，不将较府院尤烈乎？元老不由国会选举，而由各省区公举，夫公举法固不识如何，在康氏理想，被选举者必为该省区之贤豪无疑；所不解者，此等贤豪，何以不能屈尊于国会或内阁，必别立元老院始许为国宣劳也？近世政制之患，首在立法行政之隔阂耳，康氏此制，匪独不能沟通此二者，且以促进行政纷争之程度，瑞士之制，果如是乎？康氏赞成君主，则主张君主制可也，不必诡曰虚君共和。康氏赞成民主，则主张民主共和可也，不必别立此非驴非马之元老院。盖康氏所谓之元老院制，既非图行政立法之沟通，又不足以言行政部选举制，只为行政部增一促进纷争之赘疣耳。犹不若废去国会内阁，直效希腊贤人会议、罗马元老院及三头政治之为痛快也。吾知康氏之主张虚君共和，意在虚君而不在共和；其自创之共和制，意在元老院而不在共和。康氏脑中去君主贵族，无以言治，殆犹犬马之舌，习于粪刍，舍此无以为甘美也。

康氏理论之最奇者，莫如“凡共和政府，必甘心卖国”。呜呼，是何言也！谓全世界凡共和政府皆如是耶？不知康氏将何以证实此前提之不误？谓以袁、段政府代表全世界凡共和政府耶？则亦必无此理。

康氏全文之结语曰：“要之一言：民国与中国不并立，民国成则中国败矣，民国存则中国亡矣。”康氏倘易其词曰：“民国与大清帝国或中华帝国不并立，民国成则帝国败，民国存则帝国亡”，则谁得而非之？或云：“民国即亡，而中国犹可存。”此亦不得而非之。以政制虽变更，而国犹存在也。若今后共和不亡，民国俨然存在，不知更指何物为中国，而谓之败谓之亡也？岂非大清帝国或中华帝国，即不可谓为中国乎？康氏其有以语我？

吾文之终，有应忠告康氏之言曰：

（一）凡立论必不可自失其立脚点。康氏倘直主张其君主制，理各有当，尚未为大失；今不于根本上反对共和，而于现行制度及目前政象，刻意吹求，是枝叶之见也，是自失其立脚点也。

（二）凡立论必不可自相矛盾。他人攻之，犹可曰是非未定也；自相矛盾，是自攻也，论何由立？

今之青年，论事析理，每喜精密，非若往时学究可欺以笼统之词也。康氏倘欲与吾人尚论古今，慎勿老气横秋，漠视余之忠告。

一九一七，三，十五

今日中国之政治问题

本志（《新青年》）同人及读者，往往不以我谈政治为然。有人说：我辈青年，重在修养学识，从根本上改造社会，何必谈甚么政治呢？有人说：本志曾宣言志在辅导青年，不议时政，现在何必谈甚么政治惹出事来呢？呀呀！这些话却都说错了。我以为谈政治的人当分为三种：一种是做官的，政治是他的职业，他所谈的多半是政治中琐碎行政问题，与我辈青年所谈的政治不同。一种是官场以外他种职业的人，凡是有参政权的国民，一切政治问题、行政问题，都应该谈谈。一种是修学时代之青年，行政问题，本可以不去理会；至于政治问题，往往关于国家民族根本的存亡，怎应该装聋推哑[①]呢？

我现在所谈的政治，不是普通政治问题，更不是行政问题，乃是关系国家民族根本存亡的政治根本问题。此种根本问题，国人倘无彻底的觉悟，急谋改革，则其他政治问题，必至永远纷扰，国亡种灭而后已！国人其速醒！

第一当排斥武力政治。

以理论言，单独武力，决不能建设现代的国家。以事实言，袁世凯、张勋相继以武力政策，都归失败；不但其自己失败，国家也因之到了破产地位。倘有继之者，其效果也可想而知。目下政治上一切不良的现象，追本求源，都是“武人不守法律”为恶因中之根本恶因。无论何人，一旦有枪在手，便焚杀淫掠无所不为，国法人言无所顾忌，尚复成何世界！此种武力政治倘不废除，不但共和是个虚名，就是复辟立君也没有办法；不但

① 原文如此。今一般作“装聋做哑”。

宪政不能实行，就是专制皇帝，也没有脸面坐在金銮殿上发号施令。所以我们中国要想政象清宁，当首先排斥武力政治，无论北洋派也好，西南派也好，都要劝他们把这有用的武力，用着对外，不许用着对内；必定这一层办得到，然后才配开口说到什么政治问题。否则将是无论北洋武人执政也好，西南武人执政也好，终久是个“秀才遇见兵，有理说不清”，有什么政治法律[①]可谈呢？（日本楠濑中将说道：“中国目前最要者，与其谓为南北妥协，宁在改革督军政治；若不改革，即聘百顾问，亦终难改善国政。”这话可算说得切中要害）

第二当抛弃以一党势力统一国家的思想。

现在世界各国中，像德意志虽说是以普鲁士为中心势力统一联邦，像日本虽说是以萨、长军阀为中心势力统一三岛，但是德意志各联邦，也不是事事仰普鲁士的鼻息；德、日各政党盘踞之国会，都有绝大的威权，也非普鲁士及萨、长军人可以任意指挥、随便破坏的。况且近年以来，普鲁士及萨、长军阀的威权，也都有日渐收缩之势了。试问我们中国那[②]一党人那一派人，配说有普鲁士或萨、长军阀的勋劳和实力呢？袁世凯以数十年的辛苦经营，尚且不能以一派势力统一国家；其余各党各派的内容，都是四分五裂，本身尚不能统一，如何当作统一全国的中心势力呢？这种迷梦倘不打破，各派人都想拿自己之势力来统一中国，而各派都统一不成；即使一时成功，也断断不能持久；互想统一，互夺政权，争夺不休，必至外国人来统一而后已。所以我始终主张北洋、国民、进步三党平分政权的办法，又赞成一党组织内阁的梦想。我们中国人无论何党何派，自己甘心在野，容让敌党执政的雅量，实在缺乏的[③]很。老实说一句：一碗饭要大家吃，若想一人独吃，势必大家争夺，将饭碗打破，一个人也吃不成！

第三当决定守旧或革新的国是。

---

① 原文为“法有”，应误。今依文义改为“法律”。

② 旧同“哪”。本篇下文同。

③ 旧同“得”。

无论政治学术道德文章，西洋的法子和中国的法子，绝对是两样，断断不可调和牵就的。这两样孰好孰歹，是另外一个问题，现在不必议论；但或是仍旧用中国的老法子，或是改用西洋的新法子，这个国是，不可不首先决定。若是决计守旧，一切都应该采用中国的老法子，不必自费金钱派什么留学生，办什么学校，来研究西洋学问。若是决计革新，一切都应该采用西洋的新法子，不必拿什么国粹、什么国情的鬼话来捣乱。譬如既然想改用立宪共和制度，就应该尊重民权、法治、平等的精神，什么大权政治，什么天神，什么圣王，都应该抛弃。若觉得神权君权为无上治术，那共和立宪，便不值一文。又如相信世间万事有神灵主宰，那西洋科学便根本破坏，一无足取。若相信科学是发明真理的指南针，像那和科学相反的鬼神、灵魂、炼丹、符咒、算命、卜卦、扶乩、风水、阴阳五行，都是一派妖言胡说，万万不足相信的。因为新旧两种法子，好像水火冰炭，断然不能相容；要想两样并行，必至弄得非牛非马，一样不成。中国目下一方面既采用立宪共和政体，一方面又采唱[①]尊君的孔教，梦想大权政治，反对民权；一方面设立科学的教育，一方面又提唱非科学的祀天、信鬼、修仙、扶乩的邪说；一方面提唱西洋实验的医学，一方面又相信三焦、丹田、静坐、运气的卫生：我国民的神经颠倒错乱，怎样到了这等地步！我敢说，守旧或革新的国是，倘不早早决定，政治上社会上的矛盾、紊乱、退化，终久不可挽回！

国家现象，往往随学说为转移。我们中国，已经被历代悖谬的学说败坏得不成样子了。目下政治上社会上种种暗云密布，也都有几种悖谬学说在那里作祟。慢说一班老腐败了，就是头脑不清的青年，也往往为悖谬学说所惑。我所以放胆一言，以促我青年之猛醒！

一九一八，七，一五

① 今作“倡”。本篇下文同。

偶像破坏论

“一声不做，二目无光，三餐不吃，四肢无力，五官不全，六亲无靠，七窍不通，八面威风，九（音同久）坐不动，十（音同实）是无用”：这几句形容偶像的话，何等有趣！

偶像何以应该破坏，这几句话可算说得淋漓尽致了。但是世界上受人尊重，其实是个无用的废物，又何只[①]偶像一端？凡是无用而受人尊重的，都是废物，都算是偶像，都应该破坏！

世界上真实有用的东西，自然应该尊重，应该崇拜；倘若本来是件无用的东西，只因人人尊重他[②]、崇拜他，才算得有用，这班骗人的偶像倘不破坏，岂不教人永远上当么[③]！

泥塑木雕的偶像，本来是件无用的东西，只因有人尊重他、崇拜他，对他烧香磕头，说他灵验，于是乡愚无知的人，迷信这人造的偶像真有赏善罚恶之权，有时便不敢作恶，似乎这偶像却很有用。但是偶像这种用处，不过是迷信的人自己骗自己，非是偶像自身真有什么能力。这种偶像倘不破坏，人间永远只有自己骗自己的迷信，没有真实合理的信仰，岂不可怜！

天地间鬼神的存在，倘不能确实证明，一切宗教，都是一种骗人的偶像：阿弥陀佛是骗人的，耶和华上帝也是骗人的，玉皇大帝也是骗人的，

---

① 今作“何止”。

② “五四”以前“他”兼称男性、女性以及一切事物。［见《现代汉语词典》（第7版）］本篇下文同。

③ 旧同“吗”。本篇下文同。

一切宗教家所尊重的崇拜的神佛仙鬼，都是无用的骗人的偶像，都应该破坏！

古代草昧初开的民族，迷信君主是天的儿子，是神的替身，尊重他，崇拜他，以为他的本领与众不同，他才能居然统一国土。其实君主也是一种偶像，他本身并没有什么神圣出奇的作用，全靠众人迷信他、尊崇他，才能够号令全国，称做元首；一旦亡了国，像此时清朝皇帝溥仪、俄罗斯皇帝尼古拉斯二世，比寻常人还要可怜。这等亡国的君主，好像一座泥塑木雕的偶像抛在粪缸里，看他到底有什么神奇出众的地方呢！但是这等偶像，未经破坏以前，却很有些作怪。请看中外史书，这等偶像害人的事还算少么！事到如今，这等不但骗人而且害人的偶像，已被我们看穿，还不应该破坏么？

国家是个什么？照政治学家的解释，越解释越教人糊涂。我老实说一句，国家也是一种偶像。一个国家，乃是一种或数种人民集合起来，占据一块土地，假定的名称；若除去人民，单剩一块土地，便不见国家在那[①]里，便不知国家是什么。可见国家也不过是一种骗人的偶像，他本身亦无什么真实能力。现在的人所以要保存这种偶像的缘故，不过是借此对内拥护贵族财主的权利，对外侵害弱国小国的权利罢了（若说到国家自卫主义，乃不成问题。自卫主义，因侵害主义发生。若无侵害，自卫何为？侵害是因，自卫是果）。世界上有了什么国家，才有什么国际竞争，现在欧洲的战争，杀人如麻，就是这种偶像在那里作怪。我想各国的人民若是渐渐都明白世界大同的真理，和真正和平的幸福，这种偶像就自然毫无用处了。但是世界上多数的人，若不明白他是一种偶像，而且不明白[②]这种偶像的害处，那大同和平的光明，恐怕不会照到我们眼里来！

世界上男子所受的一切勋位荣典，和我们中国女子的节孝牌坊，也算

① 旧同“哪”。

② 原文漏“不”字，今依文义改为“不明白”。

是一种偶像，因为功业无论大小，都有一个相当的纪念在人人心目中。节孝必出于自身主观的自动的行为方有价值，若出于客观的被动的虚荣心，便和崇拜偶像一样了。虚荣心伪道德的坏处，较之不道德尤甚，这种虚伪的偶像倘不破坏，却是真功业真道德的大障碍！

破坏！破坏偶像！破坏虚伪的偶像！吾人信仰，当以真实的合理的为标准，宗教上，政治上，道德上，自古相传的虚荣，欺人不合理的信仰，都算是偶像，都应该破坏！此等虚伪的偶像倘不破坏，宇宙间实在的真理和吾人心坎儿里彻底的信仰永远不能合一！

一九一八，八，一五

有鬼论质疑

吾国鬼神之说素盛，支配全国人心者，当以此种无意识之定数观念最为有力。今之士大夫，于科学方兴时代，犹复援用欧美人之灵魂说，曲征杂引，以为鬼之存在确无疑义，于是著书立说，鬼话联篇①，不独已能见鬼，而且摄鬼影以示人。即好学尊疑之士，亦以远西性觉［Inivition，日本人译为直觉，或云直观，或云观照。吾以为即释家之所谓“自心现量”，乃超越感官之知觉也，与感觉（Sensibility）为对文］哲学方盛，物质感觉以外，岂必无真理可寻？遂于不能以科学能释之鬼神问题，未敢轻断其有无。今予亦采纳尊疑主义，于主张无鬼之先，对于有鬼之说多所怀疑，颇期主张有鬼论者赐以解答。

吾人感觉所及之物，今日科学，略可解释。倘云鬼之为物，玄妙非为物质所包，非感觉所及，非科学所能解，何以鬼之形使人见，鬼之声使人闻？此不可解者一也。敢问。

鬼果形质俱备，惟非普通人眼所能见，则今人之于鬼，犹古人之于微生物，虽非人人所能见，而其物质的存在与活动可以科学解释之，当然无疑。审是则物灵二元说，尚有立足之余地乎？此不可解者二也。敢问。

鬼若有质，何以不占空间之位置，而自生障碍，且为他质之障碍？此不可解者三也。敢问。

或云鬼之为物有形而无质耶？夫宇宙间有形无质者，只有二物：一为幻象，一为影象。幻为非有，影则其自身亦为非有。鬼既无质，何以知其

① 今作“鬼话连篇”。

非实有耶？此不可解者四也。敢问。

鬼既非质，何以言鬼者，每称其有衣食男女之事，一如物质的人间耶？此不可解者五也。敢问。

鬼果是灵，与物为二，何以各仍保其物质生存时之声音笑貌乎？此不可解者六也。敢问。

若谓鬼属灵界，与物界殊途，不可以物界之观念推测鬼之有无，而何以今之言鬼者，见其国籍语言习俗衣冠之各别，悉若人间耶？此不可解者七也。敢问。

人若有鬼，一切生物皆应有鬼，而何以今之言鬼者，只见人鬼，不见犬马之鬼耶？此不可解者八也。敢问。

一九一八，五，一五

附录一　答陈独秀先生《有鬼论质疑》

陈独秀先生作了一篇《有鬼论质疑》（见前文），我看过一遍，不觉大怪；以为陈先生如此聪明之人，对于鬼之有无，尚不能十分明解，今且举质疑八条，以问当世。乙玄不敏，然平日主有鬼论甚力，爰将陈先生的疑问别为八条，开列于后，以便逐条答复。

> 先生说：（一）吾人感觉所及之物，今日科学，略可解释。倘云鬼之为物，玄妙非为物质所包，非感觉所及，非科学所能解，何以鬼之形使人见，鬼之声使人闻？……

人之能见鬼形，或闻鬼声者，因富有一种之灵力。感觉不过灵力之利用品而已。所谓灵力，为先天的，常住的，自存的，Platon 谓之本体，Spinozer 则谓物灵乃本体之属性也。灵力弱者与鬼交通难，故人与鬼交通之难否，一视其灵力之强度如何以为定。夫灵力之有强弱，一如感觉之依人而异也（如两眼之视力，两耳之听力，皆不等。色盲有全色与一部色盲等类）。至感觉所及之物，不尽能为科学所解释，如幻象，光学者莫辨其由；而感觉所不及之物，亦有时能为科学所解释，如微生物，非显微镜，则终不能见之也。近世心理学者，多谓感觉应属于精神上的物质，故能与科学接近，而又能与心灵哲学接近。西洋近虽有以精密器械（如心脏悸动计、电气记录法、压力计等）证明有鬼，然究不过示人以信，止人之谤，而此超自然之理，则终非科学所能解释，亦如科学之不能诠哲学也。

又说：（二）鬼果形质俱备，惟非普通人眼所能见，则今人之于鬼，犹古人之于微生物，虽非人人所能见，而其物质的存在与活动，可以科学解释之，当然无疑。审是则物灵二元说，尚有立足之余地乎？……

鬼非普通人眼所能见，诚然。若谓今人之于鬼，犹古人之于微生物，则差矣。微生物非借显微镜不能见之；若鬼，富有灵力之人则易见，否则不易见，此盖有难见易见之别。而微生物则直能见不能见耳。夫惟微生物可用显微镜见之，故能施以科学的解释。盖有显微镜即可见微生物，今不能谓人有灵力即可见鬼也。此界说极为明了，而犹斤斤以物灵二元为说者，是不明本体与现象之别。康德不云乎：物之自身与现象炯然有别[①]，不可不辨。P1aton 亦分思想界与个物界。盖向来持二元论，往往不明是理，吾于陈先生何尤？

又说：（三）鬼若有质，何以不占空间之位置，而自生障碍，且为他质之障碍？……

此不必陈先生再说，二千年前王充论之详矣。充之言曰：

天地开辟，人皇以来，随寿而死；若中年夭亡，以亿万数计。今人之数，不若死者多；如人死辄为鬼，则道路之上，一步一鬼也。人且死见鬼，宜见数百千万，满堂盈庭，填塞巷路，不宜徒见一二人也。

① 原文如此。今作“迥然有别”。

我著有《心灵学》一书，其中有驳他此文的一段，今照录如左[①]：

充此论更为不值，谓人死为鬼，则道路之上一步一鬼也。此所谓道路，不知何指。为显界之道路耶？为幽界之道路耶？其界说殊不明了。且鬼若盈于道路，而又为王充所见，则是非鬼乃人，以王充不信有鬼也。即使为鬼，王充见之，又不得谓为无鬼也。充不知人所居者为显界，鬼所居者尚别有一界，名幽界（幽显二字，不过吾人假以名）。此幽界者，永非吾人生时所能见，然亦或见之；而死则必在其中。鬼之于显界也亦然。吾前既云：鬼死为人，人死为鬼。今不见显界有人满之患，又安知幽界有鬼[②]满之患耶？夫人之见鬼者，为富有灵媒力；病者偶感此力，则亦可见鬼。今幽界既无鬼[③]满之患，则见一二鬼亦宜矣（原论"一二人"之"人"字疑有误，应作"鬼"字，否则充尚不明人鬼之辨）。

陈先生必问道："君何以知道有幽显二界呢？"予曰：证明之方法有二：（一）理论上的证明。夫鬼之存在，已无疑义。假使有显界而无幽界，则鬼必无所栖迟，将如王充所谓"满堂盈庭""填塞巷路"。唯有幽界，故鬼安居乐业，一如吾人，不相妨害。（二）实质上的证明。即搜集种种事实，助以精密之器械，继以正确之试验，可以知除显界外，尚有一幽界（此乃最简单的说明）。夫鬼本为有形无质，故不占空间之位置，更何从自碍碍人耶？

又说：（四）或云鬼之为物有形而无质耶？夫宇宙间有形无质者，只有二物：一为幻象，一为影象。幻为非有，影则其身亦为非有。鬼

① 原书竖排，从右至左读，故曰"左"。本篇下文同。
② 原文为"人"字，应有误。依文义改为"鬼"。另见144页刘叔雅引述时的修改。
③ 原文为"人"字，应有误。依文义改为"鬼"。另见144页刘叔雅引述时的修改。

> 既无质，何以知其为实有耶？

此条可简明释之。陈先生谓宇宙间有形无质者，只有幻象与影象。夫幻与影，不过精神的物质上一种之现象耳；若鬼，则纯属精神的，故有形而无质，有质即非鬼矣。

> 又说：（五）鬼既非质，何以言鬼者每称其衣食男女之事，一如物质的人间耶？……

此条又是王充说过的。陈先生是事事主张改良，何必落古人的窠臼？《论衡·订鬼篇》曰：

> 夫为鬼者，人谓死人之精神；如审鬼者死人之精神，则人见之宜徒见裸袒之形，无为见衣带被服也。何则？衣服无精神，人死与形体俱朽，何以得贯穿之乎？精神本以血气为主，血气常附形体，形体虽朽，精神尚在，能为鬼可也。今衣服，丝絮布帛也，生时血气不附著，而亦自无血气，败朽遂已与形体等，安能自若为衣服之形？

陈先生所说，不过范围稍广，其实不值一驳。《国故论衡》上说道："文德之论，发诸王充《论衡》，杨遵彦依用之，而章学诚窃焉。"可套之曰："鬼之衣服之论，发诸王充《论衡》，范缜依用之，而陈独秀窃焉。"话虽如此，然吾对于幽界衣食男女之事，不主张尽如人间：有相同处，有不相同处。据《鬼语》所载，鬼之衣服，可随意而得。总而言之，吾人今日最急于研究者，在证明有鬼，至幽界衣服男女之事，须待能与鬼以一定之交通后，始得明其真象①。

---

① 今作"真相"。

又说：（六）鬼果是灵，与物为二，何以各仍保其物质生存时之声音笑貌乎？

请问先生，何以知鬼之声音笑貌能保其物质生存时之状态？若不之知，骤下一肯定断案，于论理上为不可。夫鬼者，其状貌虽能自现，而发音则必借他物，始能闻于人世。如一八四七年美国教徒 John W. Fox 家发生怪音，初尚以为其女所设弄，后经 Crookes，Home，Oliver 诸博士证明确系鬼之敲音，而此音似出自壁间者。故 Crookes 有言曰：“Raps and percussive sounds varying in loudness from a mere tick to thuds which appeared to be caused by an unseen intelligent operator.”是鬼之状貌虽能使人见之，而其音则不能使人直接闻之，故不得不假他物也。由是可以知其音貌必不能如吾人。

又说：（七）若谓鬼属灵界，与物殊途，不可以物界之观念推测鬼之有无，而何以今之言鬼者，见其国籍语言习俗衣冠之各别悉若人间耶？

此与第五、第六两条皆大同小异。我平常最厌那三家村的书呆子，抱着一本书读过竟日，以至老死而百无所成。陈先生何必学那书呆子读法呢？鬼之国籍语言习俗衣冠，乃是幽界之组织。欲知此等组织，今尚未达到时期，只能证明有鬼而已。然由此一步一步的[①]进，不但可知其内部的组织，且可与彼辈交通，此可断言者。陈先生如果寿长，或者还可以享此最新最高尚的幸福，乙玄也愿执鞭其后（按，与鬼交通事，近世已形发达，如传心术、降神术、念写等）。

① 当时用法，今作“地”。

又说：（八）人若有鬼，一切生物皆应有鬼，而何以今之言鬼者，只见人鬼，不见犬马之鬼耶？……

先生越说越远了。刚才讲过，今日吾人所证明之鬼，乃专指吾人死后，其精神尚能存在；对于动物界，其范围已狭，矧于生物界乎？犬马是否有鬼，吾人尚无以证明之。盖人之精力有限，能与吾人化身之物（鬼）相交通，已属大幸；使犬马有鬼，或为吾人所不见，或见之而不识为何物，此乃研究鬼（广义的）之最后的问题，此时则无暇及之也。吾国古人如墨子分鬼为三种：曰天鬼，曰山水鬼神，曰人鬼。《礼记》所谓气乃神之盛，魂乃鬼之盛，是皆近于广义的鬼说。引而伸之，惜无余幅，容后再讲，何如？

吾说既毕，请下一结论曰：鬼之存在，至今日已无丝毫疑义，以言学理，以言实事，以言器械，皆可用以证明之；有反对的只管发表意见，请勿稍存客气。

最后尚有一言：我辈关于学理的辩难，只可从学理上着眼竞争，不可以感情用事，一方可以不伤人谊，一方可以阐明真理。陈先生主无鬼，而我信有鬼，彼此都无妨碍。如六朝时范缜、萧琛等，以“神不灭”与“神灭论”互相辨论[①]，心灵学始得发展于吾国。古人言行可取法的甚多，陈先生若曰，“一切古法，非从根本上推翻不可”，则乙玄将以“鬼”之问题暂置他方，与先生以正义相见。

易乙玄

余作《有鬼论质疑》言过简，读者每多误会；承易乙玄君逐条驳斥，使余有申论之机会，感甚感甚。同社友刘叔雅君，别有文难易

① 今作“辩论”。

君，鄙意有未尽者，条列于左：

（1）鄙论原意乃谓，既云鬼形鬼声可诉诸感官，则无论真幻，均属感觉以内之事，并非科学所不能解释之玄妙也。幻为非有，即有时直接印诸感官而终为非实有，如海市空花是也。真为实有，即有时不能直接印诸感官而终为实有，如微生物等是也。无论真幻，既可直接呈诸感官，胡云非感觉所及，非科学所能解耶？灵力之有无且不论，今姑假定其为有，或即以 Energy 当之，亦未有不利用感官而能见闻者（佛说自在通之一境，与基督教之"上帝"，同为未有确证之玄想耳）。况主张有鬼者明言目见其形，耳闻其语，是所见所闻之对象，与能见能闻之感官，二者具备，则当然为感觉以内之事，科学所能解释也。科学不能解释幻象光学，诚闻所未闻。以显微镜观微生物，仍属感觉以内之事，倘其物绝对不能呈诸感官，虽以显镜不能见也。易君所举近世心理学者之说，不知出于何人何书？以心脏悸动计等，为证明有鬼之器械，此器械想为易君所发明，与心理学家所用者确非一物也。

（2）鄙论原意乃谓：二元论者谓物界之外，另有灵界；鬼倘有质，则亦物耳，何灵之有？何二元之有？此正攻击二元论者之论界观念，奈何谓我斤斤以物灵二元为说乎？倘信二元论，焉有主张无鬼之理？

（3）易君理论上幽界之证明，及以"鬼之存在，已无疑义"为前提，在论理学上可谓奇谈矣。今之问题，乃以种种方法，证明鬼之有无。若鬼之有质与否，占领空间与否，幽界有无与否，皆方法之一，不图易君竟移尚未确定之断语为前提，以为证明之证明，不知何以自解？至于实质上之证明，易君所谓事实、器械、试验，并一简单之例证而无之。如此证明，不得不叹为希有也。易君所信之幽界，不知即在此地球，抑在他星球？鬼若有质，似未能越此适彼，来往自由。即令幽界在他星球，而鬼又能来往自由，彼来在此地球时，亦不能不占空间之位置，碍人自碍也。

（4）易君固主张鬼之有形无质者也。“有质即非鬼矣”，此见极为明达。鄙论前三条，皆以难“鬼为物质”之说，此不足以难易君，而易君实不必加以呵斥也。惟鬼果无质，则所谓有，所谓存在，将等诸天道思想等抽象名词耳，何得组织一幽界，且来往显界，其形其声，使人见闻，而人将与之交通耶？既非物质，又何以有衣食男女之事耶？（此义尚望易君详为解答）

（5）此条质疑，易君一字未答，惟以窃取王充之言见责。夫讨论事理，贵取众材以为归纳式之证明，古人之言，焉足取为标准？以“圣教量”不若“比量”之正确也（参看《随感录·圣言与学术》）。因此鬼之有无，《论衡·鬼语》之言，皆不足为据。鄙人主张无鬼，重在归纳众理，决不取前言以为证也。且王充之意，谓鬼若为人死后之精神，衣服无精神，应随人体朽败，不应随鬼再见也。鄙意则谓鬼既非质，自无男女衣食之必要。二者论点截然不同，更无所谓“窃取”，愿易君再详细一读。

（6）鄙论原意，正以讥讽见鬼者之妄言欺世耳。乃易君反责鄙人妄下肯定断案，可谓粗心之至。易君倘于此能下一否定断案，鄙人固极端赞成，但恐自古讫[①]今能见鬼者均不欲引君为同调耳。

（7）（8）凡讨论一问题，范围以内之材料，自当广搜博采，期于证明，此归纳法所不拒也。易君对于鄙论之疑点，何以往往不加解答，但以一笼统语抹杀之曰：“何必学书呆子读法呢？”“先生越说越远了。”夫学书呆子读法，与鬼之有无有何关系？讨论材料，不厌繁富，只要不出问题之范围，何妨越说越远？鄙论之各条疑问，倘无人完全解答，又何能证明有鬼？易君对鄙论提出疑问之材料，何以不加研究？或云“今尚未达到时期”，或云“此乃研究鬼之最后的问题，

① 今作“迄”。

此时则无暇及之也”。而一方面又强谓“鬼之存在，已无疑义”，“只能证明有鬼而已”，“鬼之存在，至今日已无丝毫疑义”；乃一考其实，易君所谓有鬼，竟无丝毫之证明。易君所谓“以言学理，以言事实，以言器械，皆可用以证明之”，奈何仅有此简单之空言，而不肯详实见教也？倘曰有之，原文具在，读者诸君可以覆案也。

易君倘谓鬼神之有无，非人间之观念语言所可解释，“将以此问题暂置他方，与鄙人以正义相见”，则立盼明教，幸勿食言。

独秀识　八月一日

附录二　难易乙玄君

陈独秀先生作《有鬼论质疑》，易乙玄君驳之，辨而无征，有乖笃喻，爰作此文，聊欲薄易子之稽疑云尔。

叔雅识

> 来论云："人之能见鬼形，或闻鬼声者，因富有一种之灵力。……所谓灵力，为先天的，常住的，自存的，Platon 谓之本体，Spinozer 则谓灵物乃本体之属性也。灵力强者与鬼交通易，灵力弱者与鬼交通难。"

难曰：易子之所谓灵力，当即 Intelligence。以记者所知，则 Platon 但谓此为先天的，常住的，自存的，而未尝谓此即世界之本体。且既曰本体，则为智愚长幼所同具，宜人人可以见鬼形、闻鬼声矣，何以能"活见鬼""白日见鬼"者，惟彼少数之巫觋耶？Spinozer 为何国何时人，记者浅陋，诚未之前闻。十七世纪荷兰有哲学家名 Spinosa 者，生于亚姆斯特丹而著书于海牙，持"宇宙即神"之说，为近世哲学之巨子。然此君所著书，颇持形神一体之说，与唯物论相似，又非主张有鬼者所得假借也。至谓与鬼交通之难易，系于灵力之强弱，说亦难持。何者？所谓灵力，即人心之虚灵，睿智聪明，是为圣哲，颛蒙嚣顽，谓之凡器。若如来论，圣贤当皆能见鬼，何以宣尼谓之"未知"，圣人存而不论，而彼"过阴""讨亡""捉鬼""看香头"者，又皆阛阓之贱丈夫，而崇信之者亦皆乡曲之俗士乎？

> 来论云："西洋近虽有以精密器械（如心脏悸动计、电气记录法、压力计等）证明有鬼。……而此超自然之理，则终非科学所能解释，亦如科学之不能诠哲学也。"

难曰：以心脏悸动计、电气记录计、压力计等器械证明有鬼之说，已极虚诞。今姑认此为事实，然鬼既可用器械证明，则其为有形有质无疑。其有重量，占空间，亦必与其他物质无异。是易子之所谓鬼者，殆化学上原质之一种。是鬼之为物，当供自然科学家之研究，不得谓非科学所能解释也。至科学不能诠哲学一语，实易子不解哲学之铁证。坊间 Introduction to philosphy 甚多，易子任意购一二种读之，自知此说之谬，记者不必徒烦翰墨也。

> 来论云："……而犹斤斤以物灵二元为说者，是不明本体与现象之别。康德不云乎：物之自身与现象炯然有别①，不可不辨。Platon 亦分思想界与个物界。盖向来持二元论，往往不明是理，吾于陈先生何尤？"

难曰：陈先生固非主张二元论者，易子试取原文平心重读一遍自知。而记者细玩来论，易子则似主张一元论者，斯真令人大惑不解矣。一元论主张形即神，神即形，范缜之《神灭论》即其代表。易子既思以哲学话头装点有鬼论，不去找 Aristole，Descartes，Leibuitz（三子之说，虽不一致，其主张灵质分途则同），而反似主张 Psychophysical Parallelism，又力讦二元论之短，何其倒也？

---

① 原文如此。今作"迥然有别"。

来论云："我著有《心灵学》一书，其中有驳他此文（指《论衡·订鬼篇》）的一段，今照录如下：

充此论更为不值，谓人死为鬼，则道路之上一步一鬼也。此所谓道路，不知何指。为显界之道路耶？为幽界之道路耶？其界说殊不明了。且鬼若盈于道路，而又为王充所见，则是非鬼乃人，以王充不信有鬼也。即使为鬼，王充见之，又不得谓为无鬼也。充不知人所居者为显界，鬼所居者尚别有一界名幽界（幽显二字，不过吾人假以名）。此幽界者，永非吾人生时所能见，然亦或见之，而死则必在其中。鬼之于显界也亦然。吾前既云，鬼死为人，人死为鬼。今不见显界有人满之患，又安知幽界有鬼[1]满之患耶？夫人之见鬼者，为富有灵媒力。病者偶感此力，则亦可见鬼。今幽界既无鬼[2]满之患，则见一二鬼亦宜矣（原论："一二人"之"人"字，疑有误，应作"鬼"字，否则充尚不明鬼人之辨）。"

难曰：易子之所谓幽界者，不知究在何处？谓其即在宇宙之中耶，则吾人生时何以不能见之？谓其在宇宙之外耶，则六合之外，圣人存而不论，哲学家谓其超出吾人认识范围之外，易子又何从而知之？且道路者，因吾人为空间所限，为物质所碍，乃不得不有此耳。至鬼则超越空间时间，何必有道路乎？又"此幽界者永非吾人生时所能见，然亦或见之"一句，文法论理，两欠妥当，请自修正，无待记者费辞。"人死为鬼，鬼死为人"之说，则尤虚诞。若如来论，必幽显二界人口数适相符合，不增不减，乃为合理。今地球人口日增，易子虽未见有人满之患，而欧西学者已深以为忧，委务积神，以谋补救。显界人口日增，即幽界人口日减。长此不已，有鬼亦终归无鬼而已。易子上文既云人之见鬼，因富有一种之灵

① 易乙玄之原文作"人"，当误。刘叔雅引述时改为"鬼"是正确的。

② 易乙玄之原文作"人"，当误。刘叔雅引述时改为"鬼"是正确的。

力，今又云人之见鬼者，为富有灵媒力。灵力与灵媒力，是一是二？此力既为人所固有，何以必病者乃能感受？呜呼易子！今日已在二十世纪科学昌明之世矣，此种病的现象，心理学医学皆有明确之说明矣！

来论云：“证明有幽显二界之方法有二：（一）理论上的证明。夫鬼之存在，已无疑义。假使有鬼界而无幽界，则鬼必无所栖迟，将如王充所谓‘满堂盈庭’‘填塞巷路’。唯有幽界，故鬼安居乐业，一如吾人，不相妨害。（二）实质上的证明。即搜集种种事实，助以精密之器械，继以正确之试验，可以知除显界外，尚有一幽界（此乃最简单①的说明）。夫鬼本为有形无质，故不占空间之位置，更何从自碍碍人耶？”

难曰：易子之理论上的证明，所谓“鬼之存在，已无疑义”，所谓“假使无幽界，将满堂盈庭，填塞巷路”，皆毫无凭据。不但不能证明幽界，其本身尚待证明。此等架空之臆言，姑且勿论。其最有力者，为实质上的证明耳。所谓“搜集种种事实”，“助以精密之器械”，“继以正确之试验”者，可谓完全科学的研究法。使用此法而能证明鬼之存在，孰敢不信？然事实之是否真确，鬼之是否可用器械证明，试验是否确实，尚属疑问。若以闾巷之传说为事实，则《聊斋志异》《子不语》《阅微草堂笔记》，皆可为证。若以载籍往事为事实，则杜伯挟矢、子仪荷杖、袾子举揖、伯有被介，皆可为证。若即以易子所谓压力计、电气②记录计、心脏悸动计为精密器械，则世之化学物理试验室、心理实验室等，皆成鬼试验室。自然科学家何以日用而不知？至试验之正确与否，则尤难言。记者不敏，敢以一事为易子告：有心理学名家达威氏（Davey）者，招英国硕学

① 原文作“单简”，误。依文义及135页易乙玄之原文，改为“简单”。
② 原文作“电汽”，据上文改为“电气”。

瓦来士（Wallace，为动物学名家，与达尔文齐名）等诸学者来会，当众演降灵术、活见鬼、扶乩等把戏，先使诸学者检验器具，加以封印，演时鬼怪毕现，警心骇目，诸学者欢喜赞叹，信为实有。演毕，达威向索证明书，诸学者与之。有“如斯之现象，唯超自然之方法乃能表现”之语。达威既得证书，乃从容告明此皆市上眩人所用极简单之手法，诸学者大惭。此事载在《心理学年报》（Annales des sciences psychique），而法国硕学鲁本氏（Gustave le bon）所著《群众心理学》第二章第二节征引之。斯真确凿可信之事实也。易子之科学的研究法，恐亦徒为达威氏笑而已！

来论云：“陈先生谓宇宙间有形无质者，只有幻象与影象。夫幻与影，不过精神的物质上一种之现象耳；若鬼，则纯属精神的，故有形而无质，有质即非鬼矣。”

难曰：“精神的物质”作何解？物质的物质又如何？

来论云：“陈先生所说‘鬼既非有质，何以言鬼者每称其衣食男女之事，一如物质的人间耶？’此条较之王充所说，不过范围稍广，其实不值一驳。然吾对于幽界衣食男女之事，不主张尽如人间，有相同处，有不相同处。据《鬼语》所载，鬼之衣服可随意而得。总而言之，吾人今日最急于研究者，在证明有鬼。至幽界衣服男女之事，须待能与鬼以一定之交通后，始得明其真象①。”

难曰：陈先生之说，与王充《订鬼篇》之文，何以不值一驳？易子又何妨试一驳之？《鬼语》也是书，《论衡》也是书，王充为东汉鸿儒，其思想学识，不特为中夏古代所稀见，即欧洲近世亦鲜其俦匹。易子因《鬼

① 今作“真相”。

语》是如此说，以为《论衡》即可不攻自破。试问《鬼语》是否圣书，其一句一字皆绝对真理耶？昔秦之焚书也，非秦籍皆烧之。撒拉逊人之焚亚力山大埠图书馆也，非回籍皆烧之。充易子之意，凡非鬼书，皆在可焚之例。呜呼！易子思想如是，吾又何必辩哉！

> 来论云："请问先生何以知鬼之声音笑貌能保其物质生存时之状态？若不之知，骤下一肯定断案，于论理上为不可。夫鬼者，其状貌虽能自现，而发音则必借他物始能闻于人世。……其音貌必不能如吾人。"

难曰：易子虽明有鬼，而体魄不与众同，谓其音貌不同于吾人。然世之言鬼者，则多谓其能保其物质的生存时之笑貌，故陈先生有此疑问。如易子之说是，则自来说鬼之书，必皆凭空虚造无疑，易子即不能引以为据，奈何上文又引《鬼语》乎？韩非子曰："无参验而必之者，愚也；弗能必而据之者，诬也。"（《显学》）易子非愚即诬耳！

呜呼！八表同昏，天地既闭，国人对现世界绝望灰心，乃相率而逃于鬼。有鬼作鬼编而报资不收冥镪之杂志，有荀、墨降灵而诗文能作近体之乩坛，害之所极，足以阻科学之进步，堕民族之精神。此士君子所不可忽视，谋国者所当深省者也。韩非子曰："用时日事鬼神，信卜筮，而好祭祀者，可亡也。"前者吾国亡征毕备，唯未有此。今既具焉，亡其无日矣！

又易子既主张有鬼，又颇欲假借西洋学者之言以文饰己说，则请勿拉扯柏拉图、斯宾挪莎诸公。英国巴敏猳姆大学校长罗的博士所著《死后之生存》及比国文豪梅特尔林克氏所著《死后若何》二书，尚可一读。斯二子者皆西洋人之主张有鬼者，其言亦较有价值也。

附录三　诸子无鬼论

易白沙

鬼神有无，古今学者，每多聚讼。吾国周、秦以来，亦起争执。佛家则谓大地河山，乃由心造，人且非真，鬼将焉附？惟《小乘说法》，颇有神鬼之谈。管仲、老聃、庄周、韩非、刘安、王充诸子，亦谓鬼神起于人心。孔子态度不甚明了，然多重人事，少说鬼话，只有墨家袒天佑鬼，施于浅化之民，因风俗以立教义。中国宗教不能成立，诸子无鬼论之功也。

吾国鬼神，盛于帝王。古代文化，亦借鬼神以促其演进。黄帝、仓颉制造文字，而曰天雨粟，鬼夜哭。神农发明耕稼，能兴风雨，而称之曰神。神尧知人善任，而称之曰神。神禹平水土，而称之曰神。此种人物，皆神所造，而非人所生，于是谓之天子。《说文》云："古之神圣母感天而生子，故曰天子。"吾辈视此，即私生子之代名，而古人尊为神圣之美号，一切礼学文物，皆出其手。《管子》言有虞之王，封土为社，始民知礼（《管子·轻重戊篇》）。宰我言周人以栗，使民战栗（见《论语》）。是以君主教主操之成权，其用意乃在知礼与战栗耳。

原人不知法律，天子最难辨者，莫如血斗之是非，不假神权，无从解决。试举黄帝所制文字证之：

> 廌[①]下云：解廌，兽也。似牛，一角。古者决狱，令触不直者。

① "廌"今简化为"荐"。但以下三条引文，皆为从古文字字形解释法律之"法"的最初意思，故"廌""灋"二字均仍原文，不做简化。

象形。

薦下云：兽之所食草。从廌草。古者神人以薦遗黄帝曰，何食何处？曰，食薦。夏处水泽，冬处松柏。

灋下云：刑也。平之如水，从水。廌，所触不直者去之，从廌去。法，今文省。（三字皆见《说文》）

黄帝既借此似牛之物，裁判诉讼，后世天子，奉为宪法。《论衡·应是篇》，觟𧣾者，一角之羊也。性知有罪。皋陶治狱，其罪疑者，羊起触之。有罪则触，无罪则不触。然则皋陶虽善治狱，不过为牛[①]之傀儡。裁判实权，不操之自身也。《夏书·甘誓》曰："用命赏于祖，不用命戮于社。"是军事裁判刑罚之柄，亦牛操之也。（社不能言，即由薦解所触而定。）《周礼·媒氏》男女之阴讼，听于胜国之社，是牛亦干涉男女之阴私也。《墨子·明鬼篇》言齐庄君之臣，有王里国、中里徼者，二子讼，三年而狱不断。齐君使二人共一羊盟齐之神社。刺羊洒血，读王里国之辞既已终矣，读中里徼之辞未半也，羊起而触之，折其脚而殪。是三年不断之狱，非牛不能决也。惟许慎以为牛，墨翟、王充以为羊，牛耶羊耶，吾人未见此种怪物，亦无从裁判其是非（西方古时，亦神权决狱。谚曰，古之讼狱乃密结。华犹言冒险也。见严译《社会通诠》）。

古之帝王，神道设教，运天下于掌，遂以不祀鬼神之国为野蛮，必灭其地而虏其君。《孟子》言汤之灭葛，由于葛伯放而不祀（《滕文公下》）。武王灭纣，《泰誓》三篇，宣布罪状，一则曰，弗事上帝神祇，遗厥先宗庙，弗祀牺牲粢盛；再则曰，谓祭无益；三则曰，郊社不修，宗庙不享。春秋之时，楚人灭夔，由于夔子不祀祝融与鬻熊之神（《左传·僖公二十

① 按文中所引《论衡·应是篇》内容，此处似应为"羊"字。但以牛决狱还是以羊决狱，不同文献记载不同。故下文中说："惟许慎以为牛，墨翟、王充以为羊，牛耶羊耶，吾人未见此种怪物，亦无以裁判其是非。"因此，本文行文中或牛或羊，一仍原书，不做修改。

六年》)。晋景公灭潞国而虏其君，数其五大罪，以不祀鬼神为第一罪状（宣公十五年）。葛伯、商纣、夔子、潞子既以不祀鬼神，至于亡国。故是时诸侯虽国小兵弱，亦欲借鬼神之佑，以捍强邦。楚武王侵随，随侯所恃以拒楚者，在祀神之牲牷肥腯、粢盛丰备（《左传·桓公六年》)。齐师伐鲁，庄公所恃以敌齐者，在以信祀神（庄公十年）。晋侯假道于虞以伐虢，宫之奇谏虞公曰："吾享祀丰洁，神必据我。"（僖公五年）汉时受匈奴之祸，而使范氏诅胡于神（《汉书·匈奴传》)。匈奴亦常埋牛羊于水上以诅汉军（《汉书·西域传》)。王莽将死，犹坐斗柄曰："天生德于予，汉兵其于予何?"（《汉书·王莽传》）自三代以至清人之义和团，一部廿五史，捍御强敌，几乎无代不以鬼神为武器。

君权神权，关系密切，若就君主论国人之知能，谥以野蛮，实非过当。然国人三千年以前，有首出之英，欲脱此神道，以入于人道，举凡鬼神奇谈，摧陷而廓[①]清之，故国人至今无统一之宗教。此种学说潜滋暗长，虽君主亦无如彼何。诸子之无鬼论，皆欲解脱神道者也。首先发难以卜神权者，为道家。其后法家、儒家相继以起。墨家天志明鬼，亦力求改良，去君主之纲罗，为宗教之仪式。薄葬明鬼，道相乖违，汉人犹谓其难从。帝王之神道设教，诸子早唾弃无余矣。《论衡·卜筮篇》曰：

> 周武王伐纣，卜筮之。逆占曰，大凶。太公推筮蹈龟而曰：枯骨死草，何知吉凶?

《管子·修权篇》曰：

> 上恃龟筮，好用筮医，则鬼神骤祟。故功之不立，名之不章。（《形势解》亦云，牺牲圭璧，不足以享鬼神)

---

① 原文为"廊"，应误。今依文义改为"廓"。

《韩非·饰邪篇》曰：

> 龟筮鬼神，不足举胜；左右向背，不足以专战。

太公为道家之宗，管仲、韩非，其学亦自道家出，而皆力诋龟筮鬼神。韩非更谓其祸必至亡国。《亡征篇》言用时日事鬼神信卜筮而好祭祀者，可亡也。此与汤武灭纣之宣言，完全反对。盖有鉴于神权之流毒政治，如随侯、庄公、虞公诸学说，可以亡国而有余。太公、管子直视鬼神为对外秘诀，玩弄诸侯于股掌之上，或以为灭国新法，或假为外交手段，该分举于左[①]：

> ——太公之神道。武王伐纣，太公阴谋食小儿以丹，令身纯赤，长大教言殷亡。殷民见儿身赤，以为天神。及言殷亡，皆谓商灭。兵至牧野，晨举脂烛，奸谋惑民，权掩不备，周之所讳也。（《论衡·恢国篇》）
>
> ——管子之神道。龙斗于马渭之阳、牛山之阴。管子入复于桓公曰："天使使者临君之郊，请使大夫初饰，左右玄服，天之使者乎？"（按天上当脱祀字。闻盛服饰以祀天使）天下闻之曰："神哉齐桓公！天使使者临其郊，不待举兵而朝者八诸侯，此乘天威而动天下之道也。"故智役使鬼神，而愚者信之。（《管子·轻重丁篇》）

太公之说，可与武王《泰誓》三篇不祀鬼神互相印证。管子之言龙乃天使，则黄帝鼎湖之龙，大禹舟中之龙，更可推知。太公、管仲之属道宗，同屈鬼神而又利用之以为霸王之资。所谓奸谋惑民，所谓役使鬼神，

① 原书竖排，从右至左读，故曰"左"。

旗帜鲜明，毫不隐讳。然不仅施之外交，且行于内政。《管子·牧民篇》曰：

顺民之经，在明鬼神，祇山川，敬宗庙，恭祖旧……不明鬼神，则陋民不悟；不祇山川，则威令不闻；不敬宗庙，则民乃上校；不恭祖旧，则孝悌不备（管子又尝说种种鬼怪为桓公治病。桓公辴然而笑，不终日而不知病之去也。见《庄子·达生篇》）。

管子斥神道防害[①]政治，若对于国外之“愚者”与国内之“陋民”，亦常利用。然其无鬼论，纯属政治，无关学理。若老子之言，则更进矣。老子曰：“以道莅天下，其鬼不神。非其鬼不神，其神不伤人。非其神不伤人，圣人亦不伤人。夫两不相伤，故德交归焉。”（《老子》第六十章）韩非见其言隐约，更申其义曰：“人处疾则贵医，有祸则畏鬼。圣人在上则民少欲。民少欲则血气治而举动理。血气治而举动理则少祸害。夫内无瘗[②]疽瘅痔之害，而外无刑罚法诛之祸者，其轻恬鬼神也甚。故曰：以道莅天下，其鬼不神。治世之民，不与鬼神相害也。故曰：非其鬼不神也，其神不伤人也。”（《解老篇》）《列子》亦曰：“列姑射山土无札伤，人无夭恶，物无疵厉，鬼无灵响。”（《黄帝篇》）与《韩非·解老》其义正同。其后儒家荀卿、杂家王充尤发挥此义：

《荀子·解蔽篇》曰：

凡观物有疑，中心不定，则外物不清。吾虑不清，则未可定然否也。冥冥而行者，见寝石以为伏虎也，见植林以为后人也：冥冥蔽其明也。醉者越百步之沟，以为蹞步之浍也；俯而出城门，以为小之闺

① 今作“妨害”。

② 原文有误，应为“痤”字。

也：酒乱其神也。厌目而视者，视一以为两；掩耳而听者，听漠漠而以为讻讻：执乱其官也。（按厌为压古文。目压故视一物有两形）故从山上望牛者若羊，而求羊者不下牵也：远蔽其大也。从山下望木者，十仞之木若箸，而求箸者不上折也：高蔽其长也。水动而景摇，人不以定美恶：水执玄也。（按玄为眩古文）瞽者仰视而不见星，人不以定有无：用精惑也。……夏首之南有人焉，曰涓蜀梁。其为人也愚而善畏，明月而宵行，俯见其影，以为伏鬼也；卯视其发，以为立魅也；背而走，比至其家，失气而死。岂不哀哉？凡人之有鬼也，必其感忽之间，疑玄之时正之。此人之所以无有而有无之时也。

《论衡·订鬼篇》曰：

凡天地之间有鬼，非人死精神为之也，皆人思念存想之所致也。致之何由？由于疾病。人病则忧惧，忧惧则见鬼出。……夫病者所见，非鬼也。病者困剧，身体痛，则谓鬼持棰杖殴击之，若见鬼把椎鏁绳纆立守其旁，病痛恐惧妄见之也。初疾畏惊，见鬼之来；疾困恐死，见鬼之怒；长自疾痛，见鬼之击：皆存想虚致，未必有其实也。夫精念存想，或泄于目，或泄于口，或泄于耳。泄于目，目见其形；泄于耳，耳闻其声；泄于口，口言其事。（按愚自童时即执无鬼说。前岁大病，则口言鬼，目见鬼，耳闻鬼。吾兄培基亦梦鬼降，言愚必死，王充思念存想之说也）

荀子、王充言鬼由心造，较韩非、列子解释更详。荀子为儒家正宗，不仅排斥鬼神，凡古代相传之上帝及祯祥妖孽诸说，均以为无关人事，其详见于《天论篇》。兹分举之：

——人力可以胜天。

天有常行，不为尧存，不为桀亡。应之以治则吉，应之以乱则亡。强本而节用，则天不能贫；养备而动时，则天不能病；修道而不贰，则天不能祸。故水旱不能使之饥渴，寒暑不能使之疾，妖怪不能使之凶。本荒而用侈，则天不能使之富；养略而动罕，则天不能使之全；背道而妄行，则天不能使之吉。故水旱未至而乱，寒暑未薄而疾，妖怪未至而凶。

——妖异不足惧。

星坠木鸣，国人皆恐。曰，是何也？曰，无何也。是天地之变，阴阳之化，物之罕至者也。怪之可也，而畏之非也。夫日月之有蚀，风雨之不时，怪星之党见（按党即傥。古文傥见，犹言或见。《群书治要[①]》引此正作傥），是无世而不常有之。上明而政平，则是虽并世起无伤也；上暗而政俭，则是虽无一至者无益也。

——祭祀祈祷非言享鬼，实以饰礼。

云而雨，何也？曰，无何也，犹不云而雨也。日月食而救之，天旱而云，卜筮而后决大事，非以为得求也，以文之也。故君子以为文，百姓以为神。以为文则吉，以为神则凶。

儒家不信鬼神，是以怪力乱神，孔子不语。子路问事鬼神。子曰："未能事人，焉能事鬼？"樊迟问智。子曰："敬鬼神而远之，可谓智[②]矣。"此虽不谈鬼神，惜用意涵混[③]，不若《荀子·解蔽》《天论》[④]所言章明较著矣。儒家子思、孟轲颇言五行，故荀子于《非十二子篇》力诋其谬。盖孟子常言天。《中庸》则曰："国家将兴，必有祯祥；国家将亡，必有妖孽。"见乎蓍龟，动乎四体，与荀子《天论》水火不相容也。荀子、

① 原文作"群出治要"，当误。今改为"群书治要"。

② 原文如此。通行本《论语·雍也》中作"知"。"知"古通"智"。

③ 原文如此。

④ 指《荀子·天论》。

王充而外，能详解其原委者，更有淮南王刘安《淮南书[①]·氾论训篇》言鬼神起原乃因三事：

夫醉者俯入城门，以为七尺之闺也；超江、淮，以为寻常之沟也：酒浊其神也。怯者夜见立表，以为鬼也；见寝石，以为虎也：惧掩其气也。又况无天地之怪物乎？夫雌雄相接，阴阳相薄，羽者为雏鷇，毛者为驹犊，柔者为皮肉，坚者为齿角，人弗怪也。水生蠬蜄，山生金玉，人弗怪也；老槐生火，久血为磷，人弗怪也。山出枭阳，水生罔象，木生毕方，井生坟羊，人怪之：见闻鲜而识物浅也。（以上言鬼神由于心造）天下之怪物，圣人之所独见；利害之反覆，知者之所独明达也；同异疑嫌者，世俗之所眩惑也。夫见不可布于海内，闻不可明于百姓，是故因鬼神禨祥而为立禁，总形类推而为变象。何以知其然也？世俗言曰："飨大高者，而彘为上牲；葬死人者，裘不可以藏；相戏以刃者，太祖軵其肘；枕户橉而卧者，鬼神蹠其首。"此皆不著于法令，而圣人之所不口传也。夫飨大高而彘为上牲者，非彘贤于野兽麋鹿也，而神明独享之，何也？以为彘者家人所常畜而易得之物也，故因其便以尊之。裘不可以[②]藏者，非能具绨绵曼帛温暖于身也，世以为裘者难得贵贾之物也，而不可传于后世，无益于[③]死者而足以养生，故因其资而詟之。相戏以刃太祖軵其肘者，夫以刃相戏，必为过失，过失相伤，其患必大。无涉血之仇争忿斗，而以小事自内于刑戮，愚者所不知[④]忌也，故因太祖累以其心。枕户橉而卧鬼神履其首者，使鬼神能[⑤]玄化，则不待户牖之行，若循[⑥]虚而出入，则

① 原文如此。通行称法为《淮南子》或《淮南鸿烈》。

② 原文无"以"字。据通行本《淮南子》加。

③ 原文无"于"字。据通行本《淮南子》加。

④ 原文无"知"字。据通行本《淮南子》加。

⑤ 原文为"而"字。据通行本《淮南子》改为"能"字。

⑥ 原文为"乘"字。据通行本《淮南子》改为"循"字。

无能履也。夫户牖者，风气之所往来也。而[①]风气也，阴阳相揄者也。离者必病，故托鬼神以伸诫之也。凡此之属[②]，皆不可胜著于书策竹帛而藏于府官者也。故以禨祥明之，为愚者之不知其害，乃借鬼神之威以声其教，所由来者远矣。而愚者以为禨祥，而狠者以为非，唯[③]有道者能通其志。（以上言鬼神由于设教）今世之祭井灶门户箕帚臼杵者，非以其神为能飨之也，恃赖其德，烦苦之无已也。是故以时见其德，所以不忘其功也[④]。触石而出，肤寸而合，不崇朝而雨天下者，唯[⑤]太山；赤地三年而不绝流，泽及百里而润草木者，惟江、河也。是以天子秩而祭之；故马免人于难者，其死也葬之；牛其死也，葬以大车为荐。牛马有功，犹不可忘，又况人乎！此圣人之所以重仁袭恩。故炎帝于火，死而为灶；禹劳天下，死而为社；后稷作稼穑，死而为稷；羿除天下之害，死而为宗布[⑥]：此鬼神之所以立。（以上言鬼神由于报功）

其第一事，与《荀子·解蔽篇》、王充《订鬼篇》旨意相同；第二事，即经传中所谓神道设教；第三事，则崇德报功之说：皆非有真鬼真神于幽暗之中宰制人事。刘安之《无鬼论》，诚根本解决矣。诸子既倡无鬼，故于人之死后无所论说。惟列御寇、庄周、王充略言死后之情状：

（一）列御寇说：列子行，食于道从，见百岁髑髅，攓蓬而指之曰："唯予与汝知而未尝死未尝生也。若果养乎？予果欢乎？种有几，得水则为㡭。得水土之际则为鼃蠙之衣。生于陵屯则为陵舄；陵舄得郁栖则为乌

① 原文无"而"字。据通行本《淮南子》加。

② 原文为"俗"字。据通行本《淮南子》改为"属"字。

③ 原文为"惟"字。据通行本《淮南子》改为"唯"。

④ 原文为"是故时见其德不功其功也"。据通行本《淮南子》文字改。

⑤ 原文为"惟"字。据通行本《淮南子》改为"唯"。

⑥ 原文"故众帝于火……死而为宗布"与通行本《淮南子》文字不同，今据通行本《淮南子》改。

足；乌足之根为蛴螬。其叶为蝴蝶。蝴蝶胥也化而为虫，生于灶下，其状若脱，其名为鸲掇。鸲掇千日为鸟，其名为乾余骨；乾余骨之沫为斯弥，斯弥为食醯。颐辂生于食醯，黄軦生于九猷，瞀芮生于腐蠸[①]，奚羊比乎不箰，久竹生青宁，青宁生程（《尸子·广泽篇》：程，中国谓之豹，越人谓之貘），程生马，马生人。”（《庄子·至乐篇》）

（一）庄周说：子祀、子舆、子犁、子来四人相与语曰：“孰能以无为首，以生为脊，以死为尻，孰知生死存亡之一体者，吾与之友矣。”……俄而[②]子舆子病。……子祀曰：“女[③]恶之乎？”曰：“亡，予何恶？浸假而化予之左臂以为鸡，予因以求时夜；浸假而化予之右臂以为弹，予因以求鸮炙；浸假而化予之尻以为轮，以神为马，予因以乘之，岂更驾哉！”（《庄子·大宗师篇》）

（二）王充说：人之所以生者，精气也。死而精气灭。能为精气者，血脉也。人死血脉竭，竭而精气灭，灭而形体朽，朽而成灰土，何用为鬼？人无耳目，则无所知，故聋盲之人，比于草木。夫精气去人，岂徒与无耳目同哉？朽则消亡，荒忽不见，故谓之鬼神。（《论衡·论死篇》）

列子之说，今言鬼者多以轮回附会，实则列子论生前之人，非谈死后之鬼。古人言语，虽难尽解，观其全文，大意谓由水生植物，变成陆地，植物再变昆虫，再变鸟飞，再变走兽，由豹子演成马，由马演成人，盖详述动物进化（《天瑞篇》引列子语。中有人血为野火马血为转磷。专言物质变化者也）。至《吕氏春秋》更言犬似玃，玃似母猴，母猴似人（《察传篇》），已明人猴玃犬，相递进化，较列子马生人之说，尚觉确凿。欧洲动物学者，亦有马变人一说。因古代之马，其蹄亦五指，足之骨节颇有类人之处。自达尔文以后，此说乃废。不审何以与[④]《列子》《吕览》符合

① 原文为“蠬”，疑误。今据通行本《庄子·至乐篇》文字改。
② 原文为“而俄”，当误。今据通行本《庄子·大宗师篇》文字改。
③ 原文为“汝”。今据通行本《庄子·大宗师篇》文字改。“女”通“汝”。
④ 原文为“興”（兴）字，当误。据文义改为“与”。

如此？

至于王充，则从物理上辨明无鬼，谓世俗言鬼神状态，皆不足信。今举《论死篇》所言分列之：

——死者不已，将有鬼满之患。

天地开辟，人皇以来，随寿而死。若中年夭亡，以亿万数计。今人之数，不若死者多。如人死辄为鬼，则道路之上，一步一鬼也。人且死见鬼，宜见数百千万，满堂盈庭，填塞巷路，不宜徒见一两人也。

——鬼火乃人血之变，非真鬼磷。

世言其血为磷血者，生时之精气也。人夜行见磷，不象人形，浑沌积聚，若火光之状。磷，死人之血也，其形不类生人之形也。

——鬼不得有衣服。

鬼者，死人之精神，则人见之，宜徒见裸袒之形，无为见衣带被服也。何则？衣服无精神，人死与形体俱朽，何以得贯穿之乎？精神本以血气为主，血气常附形体，体虽朽精神尚在，能为鬼，可也；今衣服，丝絮布帛也，生时血气不附著，而亦自无血气，败朽遂已，与形体等，安能自若为衣服之形？

——鬼不得有饮食与言语。

人之所以能言语者，以有气力也；气力之盛，以能饮食也；饮食损减则气力衰，衰则声音嘶困，不能食则口不能复言。夫死困之甚，何能复言？或曰：死人歆肴食气故能言。夫死人之精，生人之精也。使生人不饮食，而徒以口歆肴食之气，不过三日则饿死矣。或曰：死人之精，神于生人之精，故能歆气为音。夫生人之精在于身中，死则在于身外，死之与生何以殊？身中身外何以异？

——鬼不能害人。

凡人与物所以能害人者，手臂把刃，爪牙坚利之故也。今人死手臂朽败，不能复持刃，爪牙隳落，不能复啮噬，安能害人？……病困之时，仇在其旁，不能咄叱；人盗其物，不能禁夺：羸弱困劣之故也。夫死，羸弱困劣之甚者也，何能害人？……凡能害人者，五行之物：金伤人，木殴人，土压人，水溺人，火烧人。使人死，精神为五行之物乎？

——巫人夸诞不足信。

世间死者，今生人殄而用之，言及巫叩元弦，下死人魂[1]，因巫口谈，皆夸诞之言也。（按此即近世扶乩所谓下死人魂也。今人为灵学丛志，其文皆江湖派口吻，无关学理。玉鼎真人释回教不食猪狗义，全不明回教之说。陆氏、江氏音韵篇，答吴稚晖先生之问，囫囵吞枣，毫无究竟）

诸子中惟王充反复讨论，不厌详晰。又有《龙虚篇》证龙神之诞，《雷虚篇》驳雷神之妄。今世科学大明，其言益信。王充以后，晋有阮瞻、

① 该句原文如此。通行本《论衡》该句为：“世间死者，今生人殄而用其言，及巫扣元弦，下死人魂”。

阮修执无鬼论，物莫能难。二阮皆道家，其言鬼无衣服，亦同王充。南齐[①]范缜著《神灭论》，神形心藏之分，彭生、伯有之事，意在拒绝佛教。宋儒亦多言无鬼。王安石以灾异不足畏。朱熹谓轮回为生气未尽，偶尔凑泊。其论皆不出周汉人士之书，兹不备述。

愚意鬼神之说，关于国家盛衰。管仲谓功之不正，名之不章；韩非谓可亡国，不足举胜；荀卿谓以为神则凶；吴稚晖谓鬼神之势大张，国家之运告终。证以历史，自三代以至清季，一部念五史[②]，莫不如是。盖大可惧之事也。墨者言有鬼外可弭诸侯之争，内可禁暴人盗贼。然则古之神道社会，何以杀人盈野？今之耶教徒何为日日从事战场？自古诸族但有以笃信鬼神亡国者，未闻可以救亡者也。

① 原文为“南济”，误。今改为“南齐”。

② 即廿五史。“念”为“廿”的大写。

质问《东方杂志》记者
——《东方杂志》与复辟问题

《东方杂志》第十五卷六号，译载日本《东亚之光》杂志《中西文明之评判》一文，同号该志论文《功利主义与学术》，又四号该志之《迷乱之现代人心》，皆持相类之论调。《东方》记者既译载此文，又别著论文援引而是证之，其意可见矣。余对于此等论调，颇有疑点，条列左方①，谨乞《东方》记者之赐教：

（1）《中西文明之评判》文中，其重要部分为征引德人台里乌司氏评论中国人胡某之著作。按欧战前后类于此等著述，惟辜鸿铭氏有之，日本人读汉音辜胡相似，其或以此致误。辜老先生之言论宗旨，国人之所知也，《东方》记者其与辜为同志耶？敢问。

（2）弗兰士氏谓：台里乌司氏承认孔子伦理之优越；又云：胡君对于民主的美国宁对于德国之同情较多。夫孔子之伦理如何，德国之政体如何，辜鸿铭、康有为、张勋诸人，固已明白昌言之，《东方》记者亦赞同之否？敢问。

（3）《功利主义与学术》文中有言曰："二十年来，有民权自由之说，有立宪共和之说，民权之与自由，立宪之与共和，在欧美人为之，或用以去其封建神权之旧制，或借以实现人道正义之理想，宜若非功利主义所能赅括矣。而吾国人不然，其有取乎此者，亦以以盛强著称于世之欧美人尝经过此阶级，吾欲比隆欧美而享盛强之幸福，不可不步趋其轨辙耳。"诚如《东方》记者之言，岂主张国人反对民权自由，反对立宪共和，不欲比

① 原书竖排，从右至左读，故曰"左方"。

隆欧美不享盛强之幸福耶？敢问。

(4) 自广义言之，人世间去功利主义无善行。释迦之自觉觉他，孔子之言礼立教，耶稣之杀身救世，与夫主张民权自由立宪共和诸说，以去封建神权之革命家，以及《东方》记者痛斥功利主义之有害学术，非皆以有功于国有利于群为目的乎？今固彻头彻尾颂扬功利主义者也。功之反为罪，利之反为害，《东方》记者倘反对功利主义，岂赞成罪害主义者乎？敢问。

(5)《东方》记者误以贪鄙主义为功利主义，故以权利竞争为政治上之功利主义，以崇拜强权为伦理上之功利主义，以营求高官厚禄为学术上之功利主义，功利主义果如是乎？敢问。

(6)《东方》记者谓："此时之社会，于一切文化制度，已看穿后壁，只赤条条地剩一个穿衣吃饭之目的而已。"夫古今中外之礼法制度，其成立之根本原因，试剥肤以求，有一不直接或间接为穿衣吃饭而设者乎？个人生活必要之维持，必不可以贪鄙责之也。《东方》记者倘薄视穿衣吃饭，以为功利主义之流弊，而何以又言"犹有一事为功利主义妨阻学术之总因，则此主义之作用，能使社会组织剧变，个人生计迫促，而无从容研学之余暇是也"。原来《东方》记者亦重视穿衣吃饭如此，岂非与"君子谋道不谋食，忧道不忧贫"之非功利主义相冲突乎？敢问。

(7)《东方》记者以反对功利主义故，并利益多数国民之通俗书籍文字而亦反对之，然则《东方》记者之所为文章，何以不模仿周诰殷盘，而书以篆籀，其理由安在？敢问。

(8)《东方》记者以反对功利主义故，并教育普及而亦反对之，竟云："教育普及，而廉价出版物日众，不特无益学术，而反足以害之。"夫书籍之良否，果悉以售价之高下为标准乎？上海各书局之出版物，售价奇昂，果皆有益于学术者乎？欧美各种小册丛书，售价极廉，果皆无益于学术者乎？倘谓一国之文化，重在少数人有高深之学，不在教育普及，则欧洲中古寺院教育及今之印度婆罗门亦多硕学奇士，以视现代欧美文化如何？敢问。

（9）伧父君《迷乱之现代人心》文中，大意谓：中国周孔以来，儒学统一，思想界未闻独创异说者，此我国之文明，即我国之国基。乃自西洋学说输入，思想自由，吾人之精神界中，种种庞杂之思想互相反拨，遂至国基丧失，可谓之精神界之破产。于是发生政治界之强有力主义，此主义即以强力压倒一切主义主张。当是非淆乱之时，快刀斩乱麻，亦不失为痛快之举。古人有行之者，秦始皇是也；今人有行之者，德意志是也；惟此种强力，吾国此时尚不可得，乃发生教育界回避是非之实用主义。此主义为免思想界各种主义相反抵之纷扰，亦自可取；惟其注重物质生活而弃置精神生活，其弊也，中国胡氏、德人台里乌司言之颇中肯。吾人今日迷途中之救济，决不希望陷于混乱矛盾之西洋文明，而当希望于己国固有之文明，云云。余今有请教于伧父君者：

（一）中国学术文化之发达，果以儒家统一以后之汉、魏、唐、宋为盛乎？抑以儒家统一以前之晚周为盛乎？

（二）儒家不过学术之一种，倘以儒术统一为国是为文明，在逻辑上学术与儒术之内包外延何以定之？倘以未有独创异说为国是为文明，将以附和雷同为文明为国是乎？则人间思想界与留声机器有何区别？

（三）欧洲中世，史家所称黑暗时代也，此时代中耶教思想统一全欧千有余年，大与中土秦汉以来儒家统一相类；文艺复兴后之文明，诚混乱矛盾，然比之中土，比之欧洲中世，优劣如何？

（四）近代中国之思想学术，即无欧化输入，精神界已否破产？假定即未破产，伧父君所谓我国固有之文明与国基，是否有存在之价值？倘力排异说，以保存此固有之文明与国基，能否使吾族适应于二十世纪之生存而不削灭？

（五）伧父君谓："吾人在西洋学说尚未输入之时，读圣贤之书，审事物之理，出而论世，则君道若何，臣节若何……关于名教纲常诸大端，则吾人所以为是者，国人亦皆以为是，虽有智者不能以为非也，虽有强者不能以为非也。”伧父君所谓我国固有之文明与国基，如此如此。请问此种文明，此种国基，倘忧其丧失，忧其破产，而力图保存之，则共和政体之下，所谓君道臣节名教纲常，当作何解？谓之迷乱，谓之谋叛共和民国，不亦宜乎？

（六）伧父君之意，颇以中国此时无强有力者以强刃压倒一切主义主张为憾；然则洪宪时代，颇有此等景象，伧父君曾称快否？

（七）伧父君谓：“古代教育，皆注重于精神生活；今之教育，则埋没于物质生活之中。”又云：“吾人今日在迷途中之救济，决不能希望于自外输入之西洋文明，而当希望于固有之文明。”请问伧父君古代之精神生活，是否即君道臣节及名教纲常诸大义？或即种种恶臭之生活？（伧父君所称赏之胡氏著作中曾谓：中国人不洁之癖即中国人重精神不重物质之证）西洋文明，于物质生活以外，是否亦有精神文明？我中国除儒家之君道臣节名教纲常以外，是否绝无他种文明？除强以儒教统一外，吾国固有之文明是否免于混乱矛盾？以希望思想界统一故，独尊儒家而黜百学，是否发挥固有文明之道？伧父君既以为非己国固有文明周公、孔子之道，决不足以救济中国，而何以于《工艺杂志》序文中（见第十五卷第四号《东方杂志》）又云：“国家社会之进行，道德之向上，皆与经济有密切之关系。而经济之充裕，其由于工艺之发达。十余年以来，有运动改革政治者，有主张倡提道德者，鄙人以为工艺苟兴，政治道德诸问题皆迎刃而解。非然者，虽周孔复生，亦将无所措手。”是岂非薄视周公、孔子而提倡物质万能主义乎？今后果不采用西洋文明，而以固有之文明与国基治理中国，他事之进化与否且不论，即此现行无君之共和国体，如何处置？由斯以谈，孰为魔鬼？孰为陷吾人于迷乱者？孰为谋叛国宪之罪犯？敢问。

(10)《中西文明之评判》之中有云："此次战争，使欧洲文明之权威，大生疑念。"此言果非梦呓乎？敢问。

(11)胡氏谓："中国之文化为完全，较之欧洲文化，著为优良。"又云："至醇至圣之孔夫子，当有支配全世界之时，彼文人以达于高洁、深玄、礼让、幸福之唯一可能之道，故诸君（指西洋人）当弃其错误之世界观，而采用中国之世界观，此诸君唯一之救济也。"此固不但谓非中国固有之文明不足以救济中国，更进一步，而谓"欧洲人非学于我等中国人不可"（胡氏原语）。案辜鸿铭氏夙昔轻视欧洲之文明，即在欧人之伦理观念（即此文之所谓世界观），以其不知君道臣节名教纲常诸大义也。辜氏于政治，力尊君主独裁之大权，不但目共和为叛逆，即英国式之君主立宪，亦属无道。彼意以为一国中，只应有上谕而不应有宪法。宪法者，不啻侵犯君主神圣，破坏君道臣节名教纲常之怪物也。此等见解之是非，姑且不论。《东方杂志》记者诸君倘以为是，则发行此志之商务印书馆何以不用欧洲文译中国书，输出君道臣节名教纲常诸优良文明以救济世界，却偏要用中国文译欧洲书，输入混乱矛盾之文化，以乱我中国圣人之道，使我中国人思想自由，使我中国人国是丧失，精神界破产，迷乱而不可救济耶？敢问。

(12)台里乌司氏谓："欧洲之文化，不合于伦理之用，此胡君之主张，亦殊正当；胡君著作之主旨，实在于此。彼以其二千五百年以来之伦理的国民的经验，视吾欧人殆如小儿；吾人倾听彼之言论，使吾人对于世界观之大问题，怅然有感矣。"彼迂腐无知识之台里乌司氏，在德意志人中，料必为崇拜君权反对平民共和主义之怪物，其称许辜氏之合理与否，人所必论。独怪《东方》记者处共和政体之下，竟译录辜之言而称许之。岂以辜氏伦理上之主张为正当耶？敢问。

(13)台里乌司氏谓："欧洲之道义，全属于物质的。伦理之方面，即以赏罚之概念为主。中国在纪元前五百年，既有大心理学者，从精神之根本动机说明善为自成与自乐，非依酬报而动者。"按此即伦理学上动机论与功利论之分歧点，亦即中西文化鸿沟之一也。此二者之是非且不论，今所欲论者，动机论之伦理观，岂中国所独有而欧洲所无乎？所以造成今日欧洲之庄严者，非进化论发达以来，近代 Utilitarianism 战胜古代 Asceticism 及基督教之效乎？敢问。

（14）胡氏谓："欧洲人在学校所学者，一则曰知识，再则曰知识，三则曰知识；中国在学校所学者，为君子之道。"夫个人人格之养成，岂不为欧校所重？即按之实际，欧人中人格健全所谓 Gentleman 者，其数量岂不远胜于我中国人乎？崇拜孔夫子之中国人，其人格足当君子者，果有几人？且智、力、德三者并重，为近代教育之通则；若夫 Herbart 派之专事外行之陶冶，及胡氏所谓学为君子之道，果为完全教育乎？敢问。

（15）台里乌司氏称"中国人三岁之儿童，在学校中学中国大思想家之思想；德国人在学校，于自国文化之高顶，绝不得闻"。夫教儿童以大思想家之思想，果为教育心理学原则之所许乎？试观中国、印度及回教各民族之儿童教育，皆以诵习古圣经典为重，其效果如何？敢问。

（16）台里乌司氏承认孔子伦理之优越，而视欧西之伦理为全然物质主义。且推赏胡氏之著作，谓微妙锐利，无逾于此书。而胡氏书中曾谓中国人不洁之癖，为中国人重精神而不注意于物质之一佐证。不知所谓精神者，为何等不洁之物？敢问。

以上疑问，乞《东方》记者一一赐以详明之解答，慎勿以笼统不中要害不合逻辑之议论见教。笼统议论，固前此《东方》记者黄远庸君之所痛斥也。

一九一八，九，一五

附录一　中西文明之评判

（译日本杂志《东亚之光》）

平　佚

有中国人胡某者，于开战前后在德国刊行德文之著作二种：一名《中国对于欧洲思想之辩护》，为开战前所刊；一名《中国国民之精神与战争之血路》，为开战后所刊者。

欧美人对于东洋民族多以为劣等国民，偶或见其长处，则直惊呼，以为黄祸其真倾耳；于东洋人之言论者极少；有时对于东洋人之言论呈赞词者多出于一时之好奇心或属于外交辞令而已。

然此次战争使欧洲文明之权威大生疑念。欧人自己亦对于其文明之真价不得不加以反省，因而对于他人之批评虚心坦怀以倾听者亦较多。胡某之著作在平时未必有人过问，而此时却引起相当之反响，为赞否种种议论之的。今绍介其赞成者、反对者与中立者之代表的意见，俾读者得知其概略焉。

台里乌司氏者对于此二书颇表同情，其批评之大意如下：

胡君者，保守者也。彼以古中国之文化为完全，较之欧洲文化著为优良。彼谓“诸君—欧人—于精神上之问题，即唯一之重大问题，非学于我等中国人不可，否则诸君之全文化，不日必将瓦解。诸君之文化不合于用，盖诸君之文化基于物质主义及恐怖与贪欲者也。至醇至圣之孔夫子当有支配全世界之时。彼示人以达于高洁深玄礼让幸福之唯一可能之道，故诸君当弃其错误之世界观而采用中国之世界观。此诸君唯一之救济法也”云云。

胡君之忠告原不免稚气，盖人虽有采用新税制新制服者，而无轻易采用新世界观者也。又中国之文化于蒙古人种依其特殊之种性而尚有差别，在全异之人种未必可以移殖①。况我等欧人自身之世界观自有完成之期，故吾人对于胡君之忠告惟有谢绝之而已。

然谓欧洲之文化不合于伦理之用，此胡君之主张亦殊正当。胡君著作之主旨实在于此。彼以其二千五百年以来之伦理的国民的经验视吾欧人殆如小儿，吾人倾听彼之言论使吾人对于世界观之大问题怅然有感矣。

夫欧洲人之世界观与中国人之世界观，原无可比较。欧洲人在今日尚无所谓自己之世界观者，欧洲拥其实地上之成功，高视一切，然其文化之殿堂中最神圣者，彼实无造之之能力。英国固无英国之世界观，法国亦然，德国亦然。是等诸国，仅有自犹太、小亚细亚、希腊之褴褛上剥落而杂布之世界观。虽欧洲之思想家亦有本于近代精神所产生之科学以新造国民的特有之世界观者，而是等之思想家对于从来国民之见解与公认的世界观之形成，无有何等之影响。我伟大德意志思想家之思想，学校中未尝体会之，通国之民不能知之。

此实为全问题之要点。胡君对于此点讥评深切。彼谓“我等中国人固不能深知欧洲人，欧洲人亦不能深知中国人。两者之间，固有重大之区别。然中国人尚能知自己之文化，欧人对于自己之文化大都盲目”。胡君此言，诚切欧洲之弱点。勒萨尔（德意志社会民权党之创立者）亦曾发此感叹，谓“德意志之诸大思想家如群鹤高翔天际，地上之人不得闻其羽搏之微音”。

中国人三岁之儿童在学校中学中国大思想家之思想，洞澈②其精神；

① 今作“移植”。

② 今作“洞彻”。

德国人在学校，于自国文化之高顶绝不得闻见。埃开、哈尔德培、梅兰普尼、休披那塞、康德、费息德休林克、哥的、黑知尔等伟大思想家，学校中不能受其影响，对于国民之感化故意隔绝之。

今世人频议学校之改革，彼等晏坐案头，编新教案之事项，历史须增二三时间，地理之二三时间中须教以某项某项，如是议论虽屡有所闻，而主要重大之问题，却不敢著手。主要问题者何？即德意志伟大思想家之精神可使之活动于学校否乎？德意志人于思想上任至何时可不建自己之家屋乎？德意志精神之内不须产出真实自由之新世界观乎？凡此种种皆重大问题，而世人竟不注意。德人所自矜之廉耻心，岂不受[①]其戟刺[②]乎？德人之勇气，果在何处乎？此怯懦因循，安于半解，甘于卑下之病根也。

胡君既看破此欧洲之大弱点，故虽目睹欧洲之铁道、电信及其他研究精确之事业，不起特别尊敬之念。以欧人于其最切要者，何故反缺焉不讲？胡君之眼光正射于此也。此其故由于精神的兴味之缺乏与精神的热烈拥护之缺乏也。欧洲人之伦理要素被实地的功利要素所压倒，优雅与微妙之情绪屈而不能伸，即宗教方面亦带物质主义之特征。

兹举例以实之，则自西亚细亚入欧洲之道义之主旨全属于物质的。其所谓善含有法律的命令之意，不从者降之以罚，从者酬之以赏，伦理之方面，即以如斯赏罚之概念为主。是非甚低级粗野之伦理观之显著特征乎？中国在纪元前五百年既有大心理学者从精神之根本动机说明，善为自成与自乐，非依酬报而动者，是以中国人有健全纯洁高贵完全之国民的伦理观，且极为人间的而非抽象的。欧洲人从来缺乏造成如斯之伦理观之能力，而尤可惜者，则我大思想家之思想成绩虽已有造成如是特独之世界观之基础与端绪，而不以与之于国民，使此事业乃倍觉困难焉。

欧洲人于精神上无何等之根据点。彼等初入学校所学者为犹太与后期

① 原文为“爱”，当误。今依文义改为“受”。

② 原文如此。今当作“激刺”，即“刺激”。

希腊之世界观。此原不能常保其统一。无何，即以正反对之自然科学及有形知识入据彼等中心，由宗教传说而起之伦理的感情与全然冷酷之物质主义互相反拨，无一处能统一明了。其于伦理观也，先以不可不然之训诫注入。此种训诫——压制的，固定的，且极幼稚的——无何等心理上之衬托，未几即以精密之科学所产出与前之诫正相反对之进化论，生存竞争与本能之法则，提示彼等，肉迫彼等实现，与理想绝不调和。由如是混乱矛盾中教育而来之欧洲人，于出学校之后，更从各处听受哲学体系上之断片，而于哲学之真相则又无考求之时间，遂使欧洲作成一真相不明无依无据之迷的人间，在欧洲无论何人，其所得以为准据者，不过刑法而已。

中国人之伦理出于明晰之思索，且为国民的心理的；其世界观亦极简古。胡君对于此东西之差别指摘如下曰："欧洲人在学校所学者，一则曰知识，再则曰知识，三则曰知识；中国人在学校所学者为君子之道。"胡君曰："善者为我中国人之所发见，欧人当学之于我。"此胡君稚气之忠告。但我不可视此为中国贵族主义者、保守主义者之言而一概排斥之。彼又有如下之言，亦未可以恶意解释。彼谓"中国之思想在欧洲诸君必不以为新，然诸君之大思想家如休披那塞、哥的者与支配中国二千五百年以来之思想何尝不同乎?"此言也，对于欧洲之教养，未免过于重视：在欧洲固未学休披那塞、哥的之精神，亦未尝有一息之气吹入于一般生活。此真相实为胡君所未注意也。

吾人必不欲一变此之情态则已，否则吾人虽不能于中国直接学得何物，而胡君之两书实激刺吾人之廉耻心与奋发心最为有力者也。

又有弗兰士氏者，谓欧洲目下之现态，使东洋人视为欧洲文明之破产，亦不无理由。于胡君之态度，亦大概承认。惟其所说之内容，则大表反对之意，而为基督教文明辩护，尤于德意志文明辩护更力。其言如下：

胡君谓"现下战局结束之方法当与交战国当局者以绝对之权力，使彼等提倡和平。无论何人，不得反抗。此为永免欧洲文化上所附带战祸之道，去英国风之崇尚民众，德国风之崇拜英雄之病而奉孔子之教"。此胡君对于民主的英国宁对于德国之同情较多，但彼尚视吾人为全然物质主义者，殊可惊也。彼谓科学与器械，军舰与铁道，知识与实地的成功，对之均不感服，而重要者在人物之问题，教吾人以内面的生活与精神的文化。

向以内面性之国民、诗人及思想家之国民自夸之吾人，岂甘受如斯之言乎？岂竟听胡君之言行于中国学于孔子以求内面性乎？否，否。我国人之多数以我可尊之国民的传统将濒于危险者，是为事实。又有多数之人，虽在己国已经闲却之理想，远自异方来则反起多大之之[①]注意焉。胡君之误解德国精神，可为世界误解德国精神之实例。此误解既自欧洲诸国始，吾人不可不捶胸自责其怠慢之罪，盖我诗人、思想家之思想不传布于外国民族故也。德国之商业扩于世界，而德国之精神生活与德国之基督教不出国境，吾人当为精神的文化起见，对于世界尤对于为将来疆域之东亚大行布教。土尔其在战前，我敌人所设之学校一千有余，德人所经营之学校，不过四十至六十而已。在东亚地方盎格撒逊人之传道者，五千六百人，德国传道者仅二百三十四人。吾人在日本稍稍活动，故此国之亲德派较亲英派为优势。今吾人欲对于外国民主张吾人为理想主义的国民，必如之何而可乎？则当以吾人之理想介绍于外国是已。

台里乌司氏叹我国大思想家之思想不应用于学校，而羡中国三岁小儿得闻圣人之道，此二事均不免夸张，惟余对于学校中当大输入我思想家之思想，此事予极赞成。

台里乌司氏承认孔子伦理之优越而视欧西之伦理为全然物质主义，其主旨从西亚细亚输入，不过以赏罚之概念为动机，此言实为可惊。岂氏于我基督教并无何等之知识乎？我思想家之重此教者，非曾对于此以赏罚为动机之主旨，根本上加以芟除乎？路德所谓唯一之美的宗教，康德所谓可爱之宗教，虽亦指此宗教，然岂指此赏罚的动机乎？台里乌司氏所谓“新又自由又真之世界观”即基督教之自由，而必迂折以取道于中国，不过一

① 原文如此。依文义，似应去后一个“之”字。

好奇之心而已。夫欲崇拜孔子，固可随意，今日之官能世界较彼可学之人尚多。至台里乌司氏推赏胡君之著作，谓微妙锐利，无逾于此，书中国妇人之屈辱地位，著者一部分否认之，一部分美化之，其尤可惊者，中国人不洁之癖，著者亦引以为中国人重精神而不注意于物质之一佐证。

如是无价值之书，能使吾人知我之精神界映于如是自说自话之男子之眼中者乃如是，则亦不得谓为全无价值。吾人当谢出版者之劳。

吾人又因此书而知横隔东西思想间之沟渠乃如是之大，虽偶见有两者通共之处，及仔细检之，亦皆似是而非；及其最后，则吾人觉吾自身所有之可贵，依比较而意识愈明。我文化之基础与我德意志国民性须臾不可离之基督教，今因党争与因袭之灾难，渐不明了，一与东洋比较，则吾人始得明了，自觉吾人之强大的根本思想，即东洋人所难于理会之独立个性与个人责任之根本思想，实为吾人之特长，伦理与政治之关系为我等不知孔教之困难，而于此处促生权力意志与活动性，或使纠纷之外的文化与德意志之内面性相合，在目下之战争为艰辛之试验，以示其决不崩坏之力。

又有普鲁克陀尔福女士者，全与胡君之书同声相应，以弗兰士氏之言为不识东洋人之皮相者，颇赞美东洋之理想主义而悲西洋人之过倾于物质主义，谓欧人当学于东洋，其言过于褒美东洋。偏于感情，为妇女之本色，然此女子非全然醉心东洋者。凡己国民之特征，根本于历史与民族性者，尤热心维持。惟彼谓如此之觉悟，实为东洋宗教家之所赐也。

彼初欲皈依佛教以安心立命，见印度之一喇嘛僧，问改宗佛教之可否。喇嘛僧正襟言曰："女士莫如学基督教。宗教如言语，弃国语者，妄；弃已国之宗教者，亦妄。速归于元受基督教之救。"彼遂依此语而得受基督教。尔来彼崇奉已国之文明，自觉其价值，而对于东洋钦慕之念，亦綦切云。

附录二　功利主义与学术

（《东方杂志》十五卷六号）

钱智修

吾国自与西洋文明相接触，其最占势力者，厥惟功利主义（Utilitarianism）。功利主义之评判美恶以适于实用与否为标准，故国人于一切有形无形之事物，亦以适于实用与否为弃取。四十年前有富国强兵之说。富强之足尚，以其能御外侮，打胜仗，致家给人足之效也。此功利主义之最浅显者也。三十年前有格致实学之说。格致实学之当讲，以其能利器械，兴工艺，获物质文明之享受也。此亦不离功利主义之窠臼者也。二十年来有民权自由之说，有立宪共和之说。民权之与自由，立宪之与共和，在欧美人为之，或用以去其封建神权之旧制，或借以实现人道正义之理想，宜若非功利主义所能赅括矣。而吾国人不然，其有取乎此者，亦以以盛强著称于世之欧美人尝经过此阶级，吾欲比隆欧美而享盛强之幸福，不可不步趋其轨辙耳。昔某文家讥法国革命，谓贫民以为面包将从空而下，未婚之女以为如意郎君将满街皆是，国人多数赞颂革命之心理，毋乃类是？是亦由功利主义蜕变而出者也。而又以归纳法之不精，想像力之薄弱，故凡固有文明之与功利主义相妨者，则破坏之；外来文明之与功利主义无直接之影响者，亦唾弃之；即功利主义之本身所谓最大多数之最大幸福者，亦以其与一己之私利、一时之近利不相容，而不得不牺牲之。是故除功利主义无政治，其所谓政治，则一权利竞争之修罗场也；除功利主义无伦理，其所谓伦理，则一崇拜强权之势利语也；除功利主义无学术，其所谓学术，则一高资厚禄之敲门砖也。盖此时之社会，于一切文化制度，已看穿后壁，只赤条条地剩一个穿衣吃饭之目的而已。夫以功利主义之流弊，而至举国之人群以穿衣吃饭为唯一目的，殆亦非边沁（Bentham）、穆勒约翰（John Mill）① 辈主唱此主义时所及料者欤？

吾兹为文，既标学术为题，故于政治伦理方面均不暇论，而专就功利主义之祸之中于学术者论之。功利主义之最害学术者，则以应用为学术之目的，而不以学术为学术之目的是也。吾国人富于实现思想，故旧学中本有通经致用之一派，所谓《禹贡》治水，《春秋》折狱，《三百篇》当谏书者，即此派思想之代表也。然自河间献王开古文学之门户，实事求是一语已成汉学家金科玉律。至清世而朴学之士尤众。其说务在得证据明事实以存所治之学之真相，盖与科学方法为近，不得以其研究之内容不同而异之也。其他文史玄理之学，亦然。人所为孜孜矻矻好之而不倦者，大都在其学本体实有可好之处之故，而不在其可以应用之故：此学问之途之所以广，而亦诸学之所以能分科发达也。乃自西学输入而功利主义宰制一时之人心，于是一切学术皆以应用之目的求之。有以应用为学术之评价者，如言振兴工艺，则当治理化学；欲足国用，则当治经济学；而其他诸学，皆可废是也。有以学术为应用之筌蹄者，如治政治学者，在求为官吏；治法律学者，在求为律师；及其既得为官吏，为律师，则所治之学亦可废是也。由前之说，是以管窥天，以锥指地，不能见诸学美富之内容；由后之说，是身在江湖，心存魏阙，足以扰学界宁靖之空气。而要之，皆足以妨碍学术之独立。夫学术而不能独立，则人之所贵乎学术者亦仅矣！

功利主义之论学术，既以应用为前提矣；然学无论精神、物质，及其既造高深之境，未有不偏于理论而与应用之前提不合者：于是通俗主义、平凡主义弥漫于学界，而高深之学遂为世所大戒。低抑文字之程度，以期

---

① 当时人名译法。今译“约翰·穆勒”。

识字者之日众；编著浅近之书籍，以冀读书人之日多：此盖今之时彦谈普及教育者之口头禅也。虽然，彼所谓普及教育者，将仅以穿衣吃饭为目的乎？抑除穿衣吃饭以外，尚有其他目的乎？如仅以穿衣吃饭为目的，则煮字疗饥，佣书作活，取道于此，计已大迂；如除穿衣吃饭以外，尚有维持文化、增进种智之目的，则文化重心自在于高深之学。所谓普及教育，不过演绎此高深之学之一部分，为中下等人说法耳。儒家必有微言而后有大义，佛家必有菩萨乘而后有声闻乘，高深之学与普及教育之关系亦复如是。如无高深之学，则普及教育又以何物为之重心耶？且教育普及而廉价出版物日众，不特无益学术，而反足以害之。勃拉斯（Bryce）于《平民政治》中尝论其理曰："旅行美国铁路者，常逢童子持报纸书籍上下车舆，左右散布。其报纸之新闻，则重复杂沓也；其书籍，则大抵小说也。小说固足增常人之经验，报纸亦足浚农工之智识，然使读者应接不暇，一时之顷，思想感触，络绎奔凑，过而不留，皆不足以发达庄严之智力、创作之天才。"美犹如此，何况吾国？国人鉴于坊肆诲淫诲盗之书，汗牛充栋，每况愈下，亦有兴雅道陵迟之感者，而不知皆通俗主义、平凡主义之出产物也。然其真正之病根，则功利主义也。

功利主义以最大多数为万事之标准，故其论学术之效用，既以多数人之享受为衡；其评学术之优劣，亦以多数人之意见为断：此亦足以挫真才之气，而阻厄学术之进步者也。盖学术者，贵族的而非平民的也。学术之进退，专家学者造诣之问题，而非普通学生数量之问题也。此不必烦言深论而可举史例以证明之。佛罗伦斯者，意大利之一都会也。当十四五世纪时，文学艺术家辈出：如但底（Dante）、乔朵（Giotto）、彼得拉格（Petrarch）、婆卡觉（Boccaccio）、迦波底（Ghiberti）、麦却佛黎（Machiavelli）、弥却唵吉罗（Michael Angelo）等，均名垂艺苑，旷代如生。然其时人口不过六万耳。反而观诸今之美利坚，则人口逾九千万，而论者谓其学术界无第一等人材。又如德意志帝国，生率繁滋，小学林立，为近代冠冕，而称德国文化者，终以旧教育时代之格代（Goethe）、希勒

(Schiller)、康德（Kant)、海格尔（Hegel）辈为代表。是知聚群聋不能成一师旷，聚众盲不能成一离娄。维持一国学术，端在少数才俊，而不在多数之庸流矣。夫独学无友，则孤陋而寡闻，故观摩切劘必取资乎声气、图籍[①]械器，尤待举于众擎：此学术发达之有赖于多数人者也。虽然，此其事有一必要之条件也，则以少数人为学术之主体而以多数人为客体。人人有尊贤尚善之风，俾材智之士得充分发展其天才是也。材智之士，既得发展其天才，则亦能出其绪余为庸众师表，而庸众亦虚心而慕致之，于是学派成而学风启，一国学术遂相因而增高其级度。若反客为主，以多数庸流之判断定少数学问家之优劣，则人之负奇情逸思者，必且以惮于违众而不敢吐露；甚者以欲求媚俗而固低品格，势非材智之士，均下侪庸流不止。近者，文家好俳优之辞，画家务秾艳之笔，即其见端矣。使承功利主义最大多数说而不变，则美文雅化咸蹂躏以尽，而返于太古浑噩榛狉之治可也。

功利主义之最大多数说，其弊在绝圣弃智，使学术界无领袖人材。虽然，彼亦非无其所认之领袖也。特以学术上之优美非常智所能识别，而事功上之优美则人人易见，因误认长于事功者亦长于学术，而以事功家为学术之领袖耳。此其妨碍学术之独立与以应用为学术之目的者同，而认贼作子，用以贻误青年子弟，而流传谬种于无穷。其弊较前尤甚。盖此并不得谓为功利主义，直一势利主义而已！夫慕尚虚荣，恒情所不免；附庸风雅，尤未可厚非；故旧时朝贵刻集者为多，而达官之修名亦易立。如李光地之号称理学家，高士奇之号称词章家，纪昀之号称汉学家，皆不免以纱帽重者。然究竟读书种子未绝，是以奋迹穷巷而主持学问之风气者，犹代有其人。而今则何？如濂、洛、关、闽，年湮代远，不可作矣。问有如黄、顾、颜、王之艰苦卓绝独创学风者乎？无有也。问有如江永、戴震之立说著书发明绝学者乎？无有也。问有如俞樾、黄以周之久主书院，门弟

① 原文为“藉”，当误。今依文义改为“籍”。

子遍于东南者乎？无有也。问有如李善兰、华蘅芳之研精历算译著传于天下者乎？亦无有也。有之，则戴政客为巨魁之学会，及元勋伟人之政书尺牍耳。嗟乎！伟人伟矣，戎马仓皇，为国劳苦，雕虫篆刻，壮夫不为，吾辈亦何忍更以学问文章责之者！以学问文章责伟人，是浅之乎视伟人，亦浅之乎视学问文章也。等而下之，则欲于学术团体负时名者，必长胫而善走趋；欲以文学著作显头角者，必长喙而善游谈。吾文至此，吾词已枝，则请正言学术与事功不能并立之理。盖学术者，内心之事也；事功者，外心之事也。学问家冥心独往，以探索孤证，擘绎真理为事，致思惟恐其不深，用力惟恐其不专。至事功家则不然，涉猎文史，取足明往事通世故而已。经生博士之业，非特无益于事功，抑足以窒其办事之才能者也。然问耕于农，问织于女，就学术而言，学术终不能不以学问为主。若以事功家而夺学问家之席，则无论其人属于横通纵通，未有不重外轻内，败坏暗修笃学之风者。而言功利主义者，顾并为一谈，此亦功利主义害学术之一端也。

功利主义既以偏重多数而变为势利主义，于是国人之于学术必推尊欧美，或以欧美为师承之日本，而本国儒先之说，皆弁髦而土苴之。盖以本国与欧美较，国势有强弱之不同，因之论学亦存主奴之见也。此其得失，当分别论之。夫谓学术无国界，是也；然是特谓学者当放宽眼界，揽古今中外之菁英①，而供其采择耳。既言采择，则必有弃取；既有弃取，则必以学术本体之短长为弃取之标准。今不问其本体之短长，而惟以隶属洋籍者为长，甚者呼召亡魂，预言休咎，为吾国巫师方士之所优为，亦因欧美有少数好奇之士，从事于斯，而引以为重，此何为者？盖其笼统之头脑，盲从之心理，于辨别思考之才亦已消失，根本上无治学之资能矣。又其甚者，则欲废本国文字而用英语或世界语，以为可歼除旧学之根株，容纳世界之新学，是不惟吾国旧学不能因其与欧美世系不

① 原文如此。

同，逮科以族灭之刑，即以容纳新学论，亦未为得当。盖学问之事，其第一步为因，其第二步为革。因者取于人以为善，其道利在同；革者创诸己而见长，其道利在异。因革互用，同异相资，故甲国之学既以先进之资格为乙国所师，乙国之学亦时以后起之变异为师于甲国，而学术即因转益相师而进步。然其所以能变异而进步者，则因载学之器之文字不同，外来之思想经本国文字发表，已与本国思想体合而易其原形故也。若废弃本国文字而易以欧洲之通用语，于为因为同，计则得矣，将又何以为革为异，而促学术之进步耶？且学有玄著，文学、美术亦言学者所不废。而一论及文学、美术，则所需于本国文字尤切，此亦可假勃拉斯之论美事以明之。勃之言曰："美国之事实必须美人用其特别之文学及美术自为发挥，方能完满；然美人精神能力，持较英人，初无逊色，何以英人能以文学供美人之用，而美人不能？讵非因英人富文学，法人富美术，遂使美人此种出产之必要为之减杀乎？向使美人不用英语，不能借英国以为供给之地，则其视文学必益加切。今也不然，美人具一思想，将以形之笔墨，及披揽英书，往往英人已先我言之，乃不得不归废辍。文学不振，职是之由。"此其持论精确，盖非虚矫之国粹论所可同年而语①。然美则本无文字者耳，奈何以文字学艺根柢蟠深之国，而因势利之见，至欲舍己而从人耶？此则尤功利主义之惑也。

上述五事，皆今日学术界之现象，而推厥原因，乃无一不与功利主义有关，故吾敢谓功利主义不去，则学术必无精进之望。虽日以学术相标榜，无益焉。虽然，犹有一事为功利主义妨阻学术之总因：则此主义之作用能使社会组织剧变，个人生计迫促，而无从容研学之余暇是也。夫博大之著述必期成于悠久之年，幽逸之遐思必孕育于静穆之境，今四周所遭值，既纷纭倾扰，足以乱学者之精神，生计之相需复急遽匆忙，足以夺学者之日力，是则虽欲为学，亦安从达为学之志者？然上之五事，皆起于个

① 原文如此。今一般作"同日而语"。

人意想之谬误，故可以个人之悔悟袚除之；而惟此一事，则社会机制已成，个人之力所挽甚微。而非此一事有适当之解决，又终不能专力于学。然则如之何而可？曰：亦惟以国家之力助少数学人脱离社会之拘束，俾得从容治学而已。吾文本义亦已告竟，此系旁义，留待更端。

附录三　迷乱之现代人心

（《东方》第十五卷第四号）

伧　父

国是之丧失……精神界之破产……政治界之强有力主义……教育界之实用主义……迷途中之救济

国是之丧失，为国家致亡之由。我人读刘向《新序》所记孙叔敖对楚庄王之言，若不啻为今日发者。国是之本义，吾人就文字诠释之，即全国之人皆以为是者之谓。盖论利害，则因地位、阶级之不同，未易趋于一致；若论是非，则人同此心，心同此理，自可出于一途也。然至今日，理不一理，即心不一心。试就国家之立法行政上，或个人之立身处世上，任标举一种主义主张，则必有反对之主义主张可以与之相抗。甲持此说以收揽人心，乙即援彼说以破坏之；丙揭此义以引起时论，丁复申彼义以抵制之：遂成一可是可非无是无非之世局。吾人在西洋学说尚未输入之时，读圣贤之书，审事物之理，出而论世，则君道若何，臣节若何，仁暴贤奸，了如指掌；退而修己，则所以处伦常者如何，所以励品学者如何，亦若有规矩之可循。虽论事者有经常权变之殊，讲学者有门户异同之辨，而关于名教纲常诸大端，则吾人以为是者，国人亦皆以为是，虽有智者不能以为非也，虽有强者不敢以为非也。故其时有所谓清议，有所谓舆论。清议与舆论，皆基本于国是，不待议不待论而自然成立者也。论者谓国是之存在实泥古时代束缚思想自由之结果，而为进步停滞之原因；然进化之规范，由分化与统整二者互相调剂而成。现代思想，因发展而失其统一，就分化言，可谓之进步；就统整言，则为退步无疑。我国先民于思想之统整，一方面最为精神所集注。周公之兼三王，孔子之集大成，孟子之拒邪说：皆致力于统整者。后世大儒，亦大都绍述前闻，未闻独创异说；即或耽黄老之学，究释氏之典，亦皆吸收其精神与儒述醇化。故我国之有国是，乃经无数先民之经营缔造而成，此实先民精神之产物，为我国文化之结晶体。吾国所以致同文同伦之盛而为东洋文明之中心者，盖由于此。夫先民精神上之产物，留遗于吾人，吾人固当发辉而光大之，不宜仅以保守为能事，故西洋学说之输入，夙为吾人所欢迎，然西洋在中古以前，宗教上之战争与虐杀，史不绝书，其纷杂而不能统一，自古已然。文艺复兴以后，思想益复自由，持独到之见以风靡一世者，如卢骚、达尔文等，代有其人；而集众说之长，立群伦之鹄者，则绝少概见。吾人得其一时一家之学说，信以为是，弃其向所以为是者而从之；继更得其一家一时之学说，信以为是，复弃其适所以为是者而从之；卒之固有之是既破弃无遗，而输入之是，则又恍焉惚焉而无所守：于是吾人之精神界中，种种庞杂之思想，互相反拨，互相抵销，而无复有一物之存在，如斯现状，可谓之精神界之破产。

譬有一人，其始以祖宗之产业易他人之证券；既而所持证券忽失其价值，而祖宗之产业已不能回复矣。吾人精神界破产之情状，盖亦犹是。破产而后，吾人之精神的生活既无所凭依，仅余此块然之躯体，蠢然之生命，以求物质的生活，故除竞争权利，寻求奢侈以外，无复有生活的意义。大多数之人，其精神全埋没于物质的生活中，不遑他顾，本无主义主张之可言。其少数之有主义主张者，亦无非为竞争权利与寻求奢侈之手段方便上偶然假托。如现时占势力于国会者，则主张议会政治；有为高等官吏之希望或资格者，则主张官僚政治；投机获利拥有资产者，则主张资本制度；其或失败侘傺无聊者，则主张社会制度；纵肉欲者，则以食色为卫生；急功利者，则以奋斗为进步；甚至盗贼之事，禽兽之行，亦或援哲理以护其非，借学说以文其过：支离谬妄，不可究诘！然使宗一家之言，守之终身，虽不见信于人，犹可自以为是。乃时异势殊，则又出彼而入此：昨为民党，今作官僚；早护共和，夕拥帝制；倡男女平权之说者，忽徇多妻之俗，蓄置婢妾；负开通风气之责者，忽习巫瞽之术，眩惑世人：改节变论而不以为羞，下乔入谷而自以为智。昔俾斯麦对奥使曰："奥人欲问吾以开战之理由耶？然则吾可于十二小时以内寻得以答之。"彼等之意，固以为一切主义主张，皆可于十二小时以内寻得者也。夫彼等本为无主义主张之人，原不能以对于主义主张之不忠实无节操责备之。惟彼等不自认为无主义主张而必假托于有主义主张者，无非借此以欺惑其他之无主义主张之人，使为彼利用耳。然此等伎俩，遂为其他无主义主张之人所窥破，则亦仿而效之，假托于主义主张者日多。假托者既多，则虽假托亦复无效，若辈乃益无忌惮，并此假托之主义主张而亦去之，于是发生政治界之强有力主义。

强有力主义者，一切是非置之不论，而以兵力与财力之强弱决之，即以强力压倒一切主义主张之谓。当是非淆乱之时，快刀斩乱麻，亦不失为痛快之举，此盖无法之法，无主义主张中之主义主张。时势所趋，不至于此不止。古之人有行之者，秦始皇是也。百家竞起，异说争鸣，战国时代之情状，殆与今无异。焚书坑儒之暴举，虽非今日所能重演，而如此极端之强有力主义，实令后世之人有望尘勿及之叹。今日之欧洲，又与我之战国相似，乃有"德意志主义"出现。彼等谓国家之正义惟强有力者得贯彻之。质言之，即无所谓正、无所谓义，惟以强力贯彻者，斯为正义。其毅然决然破坏比利时之条约，击沉中立国之船舰，亦吾国之强有力者所闻而却步者也。总之，"秦始皇主义""德意志主义"，与我国现时政治界中一部分之强有力主义，实先后同揆。东西对照，皆为是非淆乱时代之生产物。"秦始皇主义"在我国已经实验，虽获成功，不旋踵而没，卒酿陈涉、吴广之乱，项羽、刘季之争。然中国统一之局，汉室四百年之治，亦未始非始皇开之。“德意志主义”正在试验时代，成败尚不能预料，吾人就历史上推测强力主义之效果，则当文治疲敝是非淆乱之时，强力主义出而纠纷自解。然强弱之势，亦非一定。兴者为王，败者为贼。此起彼仆之间，其淆乱乃更甚，则又不得不更兴文治以解武力之纠纷，故文治与武力相为倚伏。孟子曰：“天下有道，小德役大德，小贤役大贤；天下无道，小役大，弱役强。”此二者之中间，尚有一时期，即有道之衰也。贤德无定位，则不得不论强大，无道之极也；强大无定位，则不得不更论贤德：周而复始，为一循环。惟此循环之周期长短不一：其至短缩者，则方论贤德，即因贤德无定，而论强大；方论强大，复因强大无定，而论贤德。周期愈短，振动愈甚。故我国之强有力主义，果能压倒一切主义主张以暂定一时之局，则吾人亦未始不欢迎之，特恐其转辗于极短缩之周期中，愈陷吾人于杌臬彷徨之境耳。吾人今日即愿将一切是非听诸强力者之判断，而此种强力亦尚不可得，则惟有将是非置之度外，不判断而回避之。多数之人，对于无论何种主义主张，皆若罔闻知，不表赞否，盖由于此。此种回避是非之态度，其代表之者为现今教育界之实用主义。

古代教育皆注重于精神生活，故贤哲之士其所以诏告吾人者，务在守其己之所信，行其心之所安，而置死生穷达于度外。今之教育则埋没于物质生活之中，所谓实用主义者，即其教育之目的在实际应用于生活之谓。夫学校之中，授人以知识技能，使其得应用此知识技能以自营生活，诚为教育中所应有之事；但我人既获得生活，则决非于生活以外别无意义。吾人生而为人，固不能不谋衣食，以图饱暖；然饱食暖衣，不过借以维持生活。试问吾人具此生活而又维持之者固何为？若谓人之为人，仅在求得饱食暖衣而止，是无异谓生活之意义在生活也。故以实用为教育之主义，犹之以生活为生活之主义，亦为无主义之主义而已。近阅日本杂记①，言有中国人胡某在德国刊行二书，大致劝告欧人当弃其误谬之世界观，而采用

① 原文如此。据前文，似应为“杂志”。

中国之世界观。德人对于此二书表赞否之意见者颇多。胡氏书中有曰："欧人之学校，一则曰智识[①]，再则曰智识，三则曰智识；而中国学校中所学者为君子之道。"吾等对于胡氏之言，不觉汗颜无地！吾人今日之所学者，岂复有君子之道？乃乞食之道而已！德人台里乌司氏于胡氏二书，颇表同情。其批评中有数语曰："中国三岁之儿童学中国大思想家之思想，洞彻[②]其精神；德人在学校中，于己国高等之文化，绝不得闻。德国之大思想家如群鹤高翔于天际，地上之人不得闻其羽搏之微音。"吾等对于此德人之言，益觉惊皇[③]无措。盖吾国之鹤已毙于物质的弹丸之下矣。吾述此言，吾固望今日之提倡教育上之实用主义者加以注意。惟吾人今日对于此实用主义仍不能不尽力赞成，盖今日提倡此无主义之主义以回避是非，使教育事业超然离立于各种主义主张之外，一方面得使教育界中不受风波之激荡，以保持其安静之位置，一方面又得使现时之播弄是非者减缩其鼓动之范围也。设使以今日相反相抵之各种主义主张加入于学校教育之中，如清季学生之干涉政治，如俄国大学生之加入虚无党者，则今日之纷扰，必将益甚。且使青年学生与此等不忠实无节操之主义主张者相接触，濡染其恶习，其为害于教育，何可胜言！教育家之责任在指导社会，然人当深入迷途，莫能自拔之时，则其指导之方法，莫如暂时安静，停止进行，然后审定方向，以求出此迷途。

我人今日在迷途中之救济，决不能希望于自外输入之西洋文明，而当希望于己国固有之文明。此为吾人所深信不疑者。盖产生西洋文明之西洋人方自陷于混乱矛盾之中，而亟亟有待于救济，吾人乃希望借西洋文明以救济吾人，斯真"问道于盲"矣！西洋人之思想为希腊思想与希伯来（犹太）思想之杂合而成。希腊思想本不统一，斯笃克派与伊壁鸠鲁派互相反对，其后为希伯来思想所压倒。文艺复兴以后，希伯来思想又被希腊思想

① 原文如此。据前文引述，应为"知识"。本篇下文同。

② 前文引文为"洞澈"，与此处文字有异。

③ 今作"惊惶"。

破坏，而此等哲学思想又被近世之科学思想所破坏。今日种种杂多之主义主张，皆为破坏以后之断片，不能得其贯串联络之法。乃各各持其断片，欲借以贯彻全体，因而生出无数之障碍。故西洋人于物质上虽获成功，得致富强之效，而其精神上之烦闷殊甚，正如富翁衣锦食肉，持筹握算，而愁眉百结，家室不安，身心交病。齐景公曰："虽有粟，吾得而食诸?"此之谓也。夫精神文明之优劣不能以富强与否为标准，犹之人之心地安乐与否不能以贫富贵贱为衡。吾人往时羡慕西洋人之富强，乃谓彼之主义主张取其一即足以救济吾人，于是拾其一二断片以击破己国固有之文明，此等主义主张之输入，直与猩红热、梅毒等之输入无异！惟此等病毒之发生，一由于自己元气之虚弱，一由于从前未曾经验此病毒、体内未有抗毒素之故。故仅仅效从前顽固党之所为，竭力防遏西洋学说之输入，不但势有所不能，抑亦无济于事焉。救济之道，在统整吾固有之文明：其本有系统者，则明了之；其间有错出者，则修整之。一面尽力输入西洋学说，使其融合于吾固有文明之中。西洋之断片的文明如满地散钱，以吾固有文明为绳索，一以贯之。今日西洋之种种主义主张，骤闻之似有与吾固有文明绝相凿枘者，然会而通之，则其主义主张往往为吾固有文明之一局部扩大而精详之者也。吾固有文明之特长，即在于统整。且经数千年之久，未受若何之摧毁，已示世人以文明统整之可以成功。今后果能融合西洋思想以统整世界之文明，则非特吾人之自身得赖以救济，全世界之救济亦在于是。今日之主义主张者，盖苦于固有文明之统整不能肆其竞争权利寻求奢侈之伎俩，乃假托于西洋思想以扰乱之。此即孙叔敖之所谓群非不利于国体之存在，而陷吾人于迷乱者。吾人若望救济于此等主义主张，是犹望魔鬼之接引以入天堂也。魔鬼乎！魔鬼乎！汝其速灭！

再质问《东方杂志》记者

记者信仰共和政体之人也，见人有鼓吹君政时代不合共和之旧思想，若康有为、辜鸿铭等，尝辞而辟之，虑其谬说流行于社会，使我呱呱堕地之共和根本摇动也。前以《东方杂志》载有足使共和政体根本摇动之论文，一时情急，遂自忘固陋，竟向《东方》记者提出质问。乃蒙不弃，于第十五卷十二号杂志中，赐以指教，幸甚，感甚。无论《东方》记者对于前次之质问如何非笑，如何责难，即驳得身无完肤，一文不值，记者亦至满意。盖以《东方》记者既不认与辜鸿铭为同志，自认非反对民权自由，自认非反对立宪共和，倘系由衷之言，他日不作与此冲突之言论，则记者质问当时之根本疑虑，涣然冰释，欣慰为何如乎！惟记者愚昧，对于《东方》记者之解答，尚有不尽明了之处，倘不弃迂笨，对于左列①所言，再赐以答，则不徒记者感之，谅亦读者诸君之所愿也。

（1）辜氏著书之志，即在自炫其二千五百年以来君道臣节名教纲常等之固有文明，对于欧人无君臣礼教之伦理观念，加以非难也。《东方》记者既郑重征引其说，且称许之，则此心此志当然相同。前文设为疑问者，特避武断之态度，欲《东方》记者自下判断耳。不图《东方》记者乃云："夫征引辜氏著作为一事，与辜同志为又一事；二者之内包外延，自不相同。"此何说耶？夫泛泛之征引，自不发生同志问题。若征引他人之著作，以印证自己之主张，则非同志而何？譬若记者倘征引且称许尼采之"强权说"或托尔斯泰之"无抵抗说"，当然自认与尼采或托尔斯泰为同志，以

① 原书竖排，从右至左读，故曰"左列"。

其主张之宗旨相同也。记者未云：辜鸿铭主张君臣礼教，《东方》记者亦主张君臣礼教，由是而知《东方》记者即辜鸿铭。且并未云：《东方》记者乃辜鸿铭第二。但以《东方》记者珍重征引辜氏生平所力倡之言论宗旨，且称许之，遂推论其与辜为同志。倘谓此二者内包外延自不相同，所推论者陷于谬误，则此等逻辑，非记者浅学所可解矣。

（2）德国政体，君主政体也；孔子伦理，君臣等之五伦也；君臣尊卑者，孔子政治伦理之一贯的大原则也；辜鸿铭、康有力、张勋皆信仰孔子之伦理与政治，主张君主政体者也：此数者本身之全体，虽为异物，而关于尊重君主政体之一点，则自然互相连缀。《东方》记者倘承认吾人思想域内有观念联合之作用，自不禁其并为一谈。德国政体，君主政体也；孔子伦理，尊君之伦理也：此二者，当然可并为一谈。辜鸿铭所主张之孔子伦理，尊君之伦理也；其所同情之德国政体，君主政体也：此二者，当然可并为一谈。辜鸿铭之所言，尊孔也，尊君也；张勋之所言，亦尊孔也，尊君也：此二者，更无不可并为一谈。孔子伦理，尊君之伦理也，张勋所言所行，亦尊君也：当然可作一联带[①]关系。此数者，关系尊重君主政体之一点，乃其共性，苟赞同其一项者，则其余各项，当然均在赞同之列。诉诸逻辑，“凡尊崇孔子伦理，而不赞同张勋所言所行，为其人之言不顾行者也”。《东方》记者对于前次之质问，未曾将此数项所以不能并为一谈之理由，及各项中赞同者何项、不赞同者何项一一说明，但云：“对于《新青年》记者所设问题，以为过于笼统，不能完全作答。”《东方》记者之答词，如此笼统，则《新青年》记者未免大失所望。

（3）民权、自由、立宪、共和与功利主义，在形式上虽非一物，而二者在近世文明上同时产生，其相互关系之深，应为稍有欧洲文明史之常识者所同认也。所谓民权，所谓自由，莫不以国法上人民之权利为其的解，为之保障。立宪共和，倘不建筑于国民权利之上，尚有何价值可言？此所

---

① 今作“连带”。本篇下文同。

以欧洲学者或称宪法为国民权利之证券也。不图《东方》记者，一则曰："欧美民权自由立宪共和之说，非功利主义所能赅括；吾国人之为此，则后于功利主义。"再则曰："夫批评功利主义之民权自由，非反对民权自由；批评功利主义之立宪共和，非反对立宪共和。"是明明分别功利主义之民权自由立宪共和，与非功利主义之民权自由立宪共和为二矣。以记者之浅学寡闻，诚不知非功利主义之民权自由立宪共和果为何物也。《东方》记者以应试做官之读书及金钱运动之选举，比诸功利主义之民权自由立宪共和，斯亦过于设解[①]功利主义，拟于不伦矣。《东方》记者谓可以逻辑之理审察之，则所谓逻辑者，其《东方》记者自己发明之形式逻辑乎？否则应试做官之读书，乃读书者腐败思想；金钱运动之选举，乃选举中违法行为。功利主义之所谓权利主张，所谓最大多数之最大幸福等，乃民权自由立宪共和中重要条件；若举前二者以喻后者，为之例证，所谓因明与逻辑，得谓为不谬于事实之喻与例证乎？

（4）通常所谓功利主义，皆指狭义而言；《东方》记者之所非难者，亦即此物，此不待郑重声明者也。惟广狭乃比较之词，最广与最狭，至于何度，是固不易言也。余固彻头彻尾颂扬功利主义者，原无广狭之见存。盖自最狭以至最广，其间所涵[②]之事相虽殊，而所谓功利主义则一也。《东方》记者所排斥之功利主义，与余所颂扬者虽云广狭不同；即至最狭，亦不至与其相反之负面同一意义。但在与其负面相反以上，虽最狭之功利主义，与《东方》记者所排斥者同一内包外延，余亦颂扬之。盖以功利主义无论狭至何度，倘不能证明其显然为反对之罪害事实，无人能排斥之也。倘排斥之，自不能不立于与其相反之地位。《东方》记者乃不谓此推论为然，且设一例证云："'凡反对图利之人，即赞成谋害者；凡反对贪功之人，即赞成犯罪者。'此推论果合乎否乎？"余则以此不足为非反对功利主

① 原文如此。

② 今作"含"。

义，即赞成罪害主义之证明。盖以功利主义与图利贪功，本非一物；若以恶意言之（既以其人谋利贪功而反对之，必其为不应谋而谋，不应贪而贪之恶方面也），且与功利主义为相反之负面。审是，则图利与谋害，贪功与犯罪，同属恶的方面，而无正负之分，固不能谓反对其一者必赞成其一；若夫功利主义之与罪害主义，为相反之正负两面，反对其一者为赞成其一，不容两取或两舍也。《东方》记者，以此例证批评记者推论之不合，合前条所举之例证观之，得发见其有一公同①之误点。其误点为何？即《东方》记者不明功利主义之真价值，及其在欧美文明史上之成绩，误以贪鄙、不法、苟且、势利之物视之。其千差万错，皆导源于此。《东方》记者，倘亦自承之乎？

（5）自根本言之，学术无所谓高深；其未普及之时，习之者少，乃比较的②觉其高深耳。且今日柏格森之哲学，可谓高深矣，乃其在大学公开之演讲，往各国游行之演讲，听众率逾千人，贩夫走卒，亦得而与焉。此非高深亦可普及之例乎？况《东方》记者以高深学术为教育文化中心之说，记者本不反对。特以其专重高深之学，而蔑视普及教育，遂不无怀疑耳。

明言“教育普及而廉价出版物日众，不特无益学术，反足以害之”，此非谓教育普及廉价出版物日众，为有害学术之事乎？谓为有害学术，非反对而何耶？不图《东方》记者复遁其词曰：“所谓廉价出版物之有害学术者，自指勃氏所言之书报及坊肆中诲盗诲淫之书而言。”

夫诲盗诲淫之书，与廉价出版非同一物，与教育普及更毫无关系。今反对诲盗诲淫之书，不知以何缘因③而归罪于廉价出版？更不知以何缘因而归罪于教育普及？《东方》记者倘承认其因噎废食之推论为不谬，最好

① 今作“共同”。

② 当时用法，今作“地”。

③ 今作“原因”。本篇下文同。

再归罪于苍颉[1]之造字。《东方》记者强不承认，明说“教育普及，廉价出版物日众，有害学术”，为反对教育普及之言，已觉可怪；复设一相类之例以自证曰：“民国成立而定期出版物日多，言论荒谬，如某日报之鼓吹某事，杂志之主张某说”云云。则此例中所指为言论荒谬者，自然指某日报某杂志而言。若以此例所言为“反对民国，反对出版物，以定期出版物为荒谬”，果当乎否乎？

余以为《东方》记者此等例证，只益自陷于谬误而已，未见其能自辨[2]也。此例之文倘改曰：“自民国成立以来，定期出版物日众，其中佳者固多，惟言论荒谬如某日报之鼓吹某事，某杂志之主张某说”，此不过泛论当时出版界之现象，或无语病之可言，因其所谓荒谬者，乃专指某日报某杂志而言，与民国成立而定期出版物日多，不生因果联带[3]之关系也。今《东方》记者所设之例，其本意之反对民国反对定期出版物与否不必论；第据其例词，显然以民国成立而定期出版物日多为之因，以某日报某杂志之言论荒谬为之果；二者打成一片，未尝分别其词，虽欲谓之非反对民国非反对定期出版物而不可得也。以此比证前例，亦以教育普及而廉价出版物日众为之因，以有害学术为之果，虽欲谓之非反对教育普及而不可得也。倘易其词曰“教育普及而廉价出版物日众，学术因以发展，惟若勃氏所言之书报及坊肆中诲盗诲淫之书，则不特无益学术，反足以害之”，使《东方》记者如此分别言之，不使诲盗诲淫有害学术之书，与教育普及廉价出版发生因果联带之关系，虽欲谓之反对教育普及而亦不可得也。

（6）学术之发展，固有分析与综合二种方向，互嬗递变，以赴进化之途。此二种方向，前者多属于科学方面，后者属于哲学方面，皆得谓之进步，不得以孰为进步孰为退步也。此综合的发展，乃综合众学以成一家之言；与学术思想之统一，决非一物。所谓学术思想之统一者，乃黜百家而

---

① 今作“仓颉”。

② 今作“自辩”。

③ 今作“连带”。本篇下文同。

独尊一说，如中国汉后独尊儒术罢黜百家，欧洲中世独扬宗教遏抑学术是也。易词言之，即独尊一家言，视为文明之中心，视为文化之结晶体，视为天经地义，视为国粹，视为国是，有与之立异者，即目为异端邪说，即目为非圣无法，即目为破坏学术思想之统一，即目为混乱矛盾庞杂纠纷，即目为国是之丧失，即目为精神界之破产，即目为人心迷乱。此种学术思想之统一，其为恶异好同之专制，其为学术思想自由发展之障碍，乃现代稍有常识者之公言，非余一人独得之见解也。

《东方》记者之所谓分化，当指异说争鸣之学风，而非谓分析的发展；所谓统整，当指学术思想之统一，而非谓综合的发展；使此观察为不误，则征诸历史，诉之常识，但见分析与综合，在学术发展上有相互促进之功，而不见分化与统整，在进化规范上有调剂相成之事。倘强曰有之，而不能告人以例证，则亦无征不信而已。反之统整（即学术思想之统一）之为害于进化也，可于中土汉后独尊儒术，欧洲中世独扬宗教征之。乃《东方》记者反称有分化而无统整，不能谓之进步，且征引“中国晚周时代，及欧洲文艺复兴以后之文明，分化虽盛而失其统整，遂现混乱矛盾之象”以为例证。夫晚周为吾国文明史上最盛时代，与欧洲近代文明之超越前世，当非余一人之私言。不图《东方》记者因其学术思想不统一也，竟以“混乱矛盾”四字抹杀之，且明言以晚周与汉、魏、唐、宋比较其文明，不能谓其彼善于此。诚石破天惊，出人意表矣。即以汉、魏、唐、宋而论，一切宗教、思想、文学、美术，莫不带佛、道二家之彩色，否则纯粹儒家统一，更无特殊之文化可言。盖文化之为物，每以立异复杂分化而兴隆，以尚同单纯统整而衰退。征之中外历史，莫不同然，《东方》记者之所见，奈何正与历史之事实相反耶？

《东方》记者又云：“至于文明之统整，思想之统一，决非如欧洲黑暗时代之禁遏学术、阻碍文化之谓，亦非附和雷同之谓。”按欧洲中世所以称为黑暗者，无他，以其禁遏学术阻碍文化故。其所以禁遏学术阻碍文化者亦无他，乃以求文明之统整思想之统一故。夫统一与黑暗，皆比较之词，黑暗之处，乃以统一之度为正比例，一云统一，即与黑暗为邻，欧洲中世特其最甚者耳。《东方》记者倘不以欧洲黑暗时代之禁遏学术阻碍文化为然，亦当深思其故也。

《东方》记者以“孔子之集大成，孟子之拒邪说，皆致力于统整者”为高，复以“后世大儒亦大都绍述前闻，未闻独创异说”为贵，此非附和雷同而何？此非以人间思想界为留声机器而何？《东方》记者意谓：吾人在西洋学说尚未输入之时，本有圣经贤传名教纲常之统一的国是，今以西洋学说之输入，乃陷于混乱矛盾，乃至国是丧失，乃至精神界破产，遂至希此“强有力主义，果能压倒一切主义主张，以暂定一时之局”。此非禁遏学术阻碍文化而何？

《东方》记者一面言“吾人不宜仅以保守为能事”，“西洋学说之输入，夙为吾人所欢迎”，“尽力输入西洋学说”；一面乃谓“西洋在中古以前，宗教上之战争与虐杀，史不绝书，其纷杂而不能统一，自古已然。文艺复兴以后，思想益复自由，持独到之见以风靡一世者，如卢骚、达尔文等，代有其人；而集众说之长，立群伦之鹄者，则绝少概见”（记者按：西洋学者若康德、孔特、卢骚、达尔文、斯宾塞之流，莫不集众说以成一家言，为世宗仰；只以其族尊疑尚异，贵自由独到，不欲独定一尊，以阻碍学术思想之自由发展，故其新陈代起，日益美备。《东方》记者乃以其不独定一尊，谓为立群伦之鹄者绝少概见，其病在不细察文化之实质如何，妄以思想统一与否定优劣，不知适得其反也）。又谓：“吾人今日在迷途中之救济，决不能希望于自外输入之西洋文明，而当希望于吾国固有之文明，此为吾人所深信不疑者。盖产生西洋文明之西洋人，方自陷于混乱矛盾之中，而亟亟有待于救济；吾人乃希望借西洋文明以救济吾人，斯真‘问道于盲’矣。西洋人之思想为希腊思想与希伯来（犹太）思想之杂合而成。希腊思想本不统一，斯笃克派与伊壁鸠鲁派互相反对，其后为希伯来思想所压倒。文艺复兴以后，希伯来思想又被希腊思想破坏，而此等哲学思想，又被近世之科学思想所破坏。今日种种杂多之主义主张，皆为破坏以后之断片，不能得其贯串联合[①]之法。乃各各持其断片，欲借以贯彻全体，因而生出无数之障碍。故西洋人于物质上虽获成功，得致富强之效，而其精神上之烦闷殊甚。”（按《东方》记者所非难之西洋文明，皆在中古以前及文艺复兴以后，殆以其思想不统一之故乎？独思想统一之中古时代，则未及之。不知《东方》记者之所谓宗教上之战争与虐杀，正以正教统一，力排自由思想之异端，造成中古黑暗时代耳。此非中古以前文艺复兴以后之所有也）似此一迎一拒，即油滑官僚应付请托者之言，亦未必有此巧妙也。若此等“战争与虐杀”之文明，“自陷于混乱矛盾”之文明，“破坏以后之断片”之文明，致“精神上烦闷”之文明，《东方》记者明知其不足为“吾人今日在迷途中之救济”，乃偏欲尽力输入而欢迎之，是直引虎自杀耳，岂止“问道于盲”已耶？《东方》记者其狂易耶？不然，明知“此等主义主张之输入，直与猩红热、梅毒等之输入无异”，何苦又主张尽力输入而欢迎之？不更使吾思想界混乱矛盾不能统一，使吾精神界破产，使吾国是丧失耶？是则愚所不能明也。

若云“西洋之种种主义主张，骤闻之似有与吾固有之文明绝相凿枘者，然会而通之，则其主义主张，往往为吾固有文明之一局部，扩大而精详之者”耶？若假定此等“丙种自大派”（见《新青年》五卷第五号五一六页第十三行）之附会穿凿为不谬，则《东方》记者所诅咒西洋文明之恶名词，皆可加诸吾固有文明之上矣。既认定其为吾固有文明之一部，且扩大而精详之，又何独以其在西洋而诅咒之耶？若云“尽力输入西洋学说，使其融合于吾固有文明之中”耶？将输入其同者而融合之乎？使其所谓同者为非同，则附会穿凿耳；使其所谓同者为真同，则尽力输入为骈枝，为多事。将输入其异者而融合之乎？则异者终不能合，适足以使吾人思想界增其混乱矛盾之度，非所以挽回国是之丧失，精神界之破产，而为吾人迷途中救济之道也。无已，惟有仍遵《东方》记者“不希望于自外输入西洋

---

① 《东方》记者原文为“联络”。

文明”之本怀，且用“强力压倒一切主义主张”之方法，使吾国数千年统整之文明不至摇动，则《东方》记者之主张，方为盛水不漏也。

《东方》记者又谓：“民视民听，民贵君轻，伊古以来之政治原理，本以民主主义为基础。政体虽改而政治原理不变，故以君道臣节名教纲常为基础之固有文明，与现时之国体，融合而会通之，乃为统整文明之所有事。”呜呼！是何言耶？夫西洋之民主主义（Democracy）乃以人民为主体，林肯所谓“由民（by people）而非为民（for people）”者是也。所谓民视民听，民贵君轻，所谓民为邦本，皆以君主之社稷——即君主祖遗之家产——为本位。此等仁民爱民为民之民本主义（民本主义，乃日本人用以影射民主主义者也。其或径用西文 Democracy 而未敢公言民主者，回避其政府之干涉耳），皆自根本上取消国民之人格，而与以人民为主体、由民主义之民主政治绝非一物。倘由《东方》记者之说，政体虽改而政治原理不变，则仍以古时之民本主义为现代之民主主义，是所谓蒙马以虎皮耳，换汤不换药耳。毋怪乎今日之中国，名为共和而实不至也。即以今日名共和而实不至之国体而论，亦与君道臣节名教纲常绝无融合会通之余地。盖国体既改共和，无君矣，何谓君道？无臣矣，何谓臣节？无君臣矣，何谓君为臣纲？如何融合，如何会通，敢请《东方》记者进而教之，毋再以笼统含混之言以自遁也。若帝制派严复“大总统即君”之谬说，乃为袁氏谋叛之先声，今无欲自称帝之人，《东方》记者谅不至袭用严说，重为天下笑欤！

就历史上评论中国之文明，固属世界文明之一部分，而非其全体。儒家又属中国文明之一部分，而非其全体。所谓君道臣节，名教纲常，不过儒家之主要部分而亦非其全体。此种过去之事实，无论何人，均难加以否定也。至若《东方》记者所谓：“《新青年》于共和政体之下，不许人言固有文明中有君道臣节名教纲常诸大端。”又云：“固有文明中有君道臣节名教纲常诸大端，乃已往之事实，非《新青年》记者所得而取消。已往之事实既不能取消，则不能禁人之记忆之、称述之。”斯可谓支吾之遁词也矣。吾人不满于古之文明者，仍以其不足支配今之社会耳，不能谓其在古代无相当之价值；更不能谓古代本无其事，并事实而否认之也。不但共和政体之下，即将来竟至无政府时代，亦不能取消过去历史中有君道臣节名教纲常及其他种种黑暗之事实。若《东方》记者之所云，匪独前次质问中无此言，即全部《新青年》亦未尝有此谬说。前次质问中所谓共和政体之下，君道臣节名教纲常，当作何解者，乃以《东方》记者力言非统整己国固有君道臣节名教纲常之文明，不足以救济精神界之破产，不足以救济国是之丧失，不足以救济国家之灭亡。然若实行以强力压倒一切主义主张，恢复君道臣节名教纲常，以图思想之统整，以救国家之灭亡，则无君臣之现行制度，不知将以何法处之？疑不能明，是以为问。非谓吾固有文明中无君道臣节名教纲常，而欲取消历史上已行之事实，禁人记忆之、称述之也。《东方》记者所谓焚书坑儒；所谓前清专制官吏，动辄以大逆不道谋为不轨之罪名压迫言论：此正君道臣节名教纲常时代以强力压倒一切主义主张者之所为，而混乱矛盾之共和时代，或不至此。公等倘欲享言论自由之权利而恶压迫，慎毋反对混乱矛盾之西洋文明，慎毋梦想思想统整，而欲以强力压倒一切主义主张以自缚束也。

(7)《东方》记者所谓“原文明言强有力主义之不能压倒一切，反足酿乱”。今细检原文，未见有此。有之则所谓“特恐其辗转于极短缩之周期中，愈陷吾人于杌臬彷徨之境耳”。于表示欢迎之下，紧接此词，盖惟恐其寿命不长，未能压倒一切为憾；固非根本反对强力主义，谓为足以酿乱也。其他极力赞扬之词则曰：

> 强有力主义者……即以强力压倒一切主义主张之谓。当是非淆乱之时，快刀斩乱麻，亦不失为痛快之举……古之人有行之者，秦始皇是也。百家竞起，异说争鸣，战国时代之情状，殆与今无异。焚书坑儒之暴举，虽非今日所能重演，而如此极端之强有力主义，实令后世之人有望尘勿及之叹。今日之欧洲，又与我之战国相似，乃有“德意

> 志主义”出现。……无所谓正、无所谓义，惟以强力贯彻者，斯为正义。……“秦始皇主义”“德意志主义”，与我国现时政治界中一部分之强有力（当指段内阁而言）主义，实先后同揆。……“秦始皇主义”在我国已经实验，虽获成功，不旋踵而殁①……然中国统一之局，汉室四百年之治，亦未始非始皇开之。“德意志主义”正在试验时代，成败尚不能预料，吾人就历史上推测强力主义之效果，则当文治疲敝是非淆乱之时，强力主义出而纠纷自解。……故我国之强有力主义，果能压倒一切主义主张以暂定一时之局，则吾人亦未始不欢迎之。

《东方》记者眼中之战国时代及欧洲现代之文明，皆百家竞起、异说争鸣、是非淆乱之文明也，颇希望强有力者，出其快刀断麻之手段，压倒一切主义主张，以定于一。此言也，《东方》记者固笔之于书，谅非《新青年》记者推想之误，其是非可否，请读者加以论断，余则不欲多言矣。若余之所感者，乃《东方》记者所崇拜，所梦想，所称为“痛快之举”“望尘勿及”“纠纷自解”“吾人未始不欢迎之”之三种强力主义——其一秦始皇主义，固可以开汉室四百年统一之江山，颂其功德；其他二种强力主义，均已成败昭然，效果共睹——坐令是非淆乱之今日，无有能快刀断麻，压倒一切，以定时局，以解纠纷者；吾知《东方》记者对于德帝威廉及段内阁，当挥无限同情之热泪也欤。

《工艺杂志》序文中所云“虽周孔复生亦将无所措手”，固属述其当年之感想；而后文对于自给自足之工艺，则仍谓亟宜提倡，未见取消前说：谓为反面文字，亦未得当。

（8）所谓梦呓者，乃指《中西文明之评判》之著者日人而言。盖自欧战以来，科学、社会、政治，无一不有突飞之进步，乃谓为欧洲文明之权威大生疑念，此非梦呓而何？正以此事乃稍有常识者之所周知，而况

① 原文如此。《迷乱之现代人心》原文为“没”字。

《东方》记者之博学方闻，宁不识此，故未详加事理上之诘责耳。何谓反唇相讥耶？

（9）辜氏《春秋大义》主旨在尊王，并以非难欧洲人之伦理观念也。台里乌司氏亦谓欧洲文化，不合于伦理之用，而称许辜氏所主张之二千五百年以来之伦理为正当，是非崇拜君权而何耶？《东方》记者译录其说而称许之，故敢以辜氏伦理上之主张为正当与否为问。此何谓罗织？

（10）辜氏谓中国人不洁之癖，为中国人重精神而不注意于物质之一佐征。夫注意物质则洁，注意精神则不洁；独重精神者可与不洁为缘，重物质者则否。是以中国人以重精神故，致有不洁之癖，致有种种臭恶之生活，岂非精神之为物，使我中国人不洁至此哉？余是以有精神为何等不洁之物之叹也。

此外，若前次质问中之（5）（6）（7）（13）（14）（15）等条及（9）条中之第四项与第七项之前半段，并乞明白赐教。倘仍以“不暇一一作答”六字了之，不如一字不答也。

此中最要之点，务求赐答者，即：

（一）自西洋混乱矛盾文明输入，破坏吾国固有文明中之君道臣节名教纲常，遂至国是丧失精神界破产，国家将致灭亡。

（二）今日吾人迷途中之救济，非保守君道臣节名教纲常之固有文明不可。

（三）欲保守此固有文明，非废无君臣之共和制不可。倘废君臣大伦，便不能保守君道臣节名教纲常，便不能救济国是丧失，精神界破产，国家灭亡。

此推论倘有误乎否耶？

一九一九，二，一五

附录 答《新青年》杂志记者之质问

（《东方》十五卷十二号）

伧 父

《新青年》杂志近刊《质问〈东方杂志〉记者》一文，条列问题，要求解答；且谓勿以笼统不合逻辑之议论见教。记者于逻辑之学未尝研究，兹勉作解答，于逻辑或未有合焉：

（1）《新青年》记者问："《东方》征引德人台里乌司氏评论中国人辜鸿铭氏之著作（系从日本杂志《东亚之光》译录，原著中误辜氏为胡氏），《东方》记者是否与辜为同志？"夫征引辜氏著作为一事，与辜同志为又一事，二者之内包外延自不相同，《新青年》记者可以逻辑之理审察之。

（2）《新青年》记者谓"孔子之伦理如何，德国之政体如何，辜鸿铭、康有为、张勋固已明白言之，《东方》记者亦赞同否？"按此问题将孔子之伦理与德国之政体，与辜鸿铭、康有力、张勋三人所言之孔子伦理，与其所言之德国政体，互相连缀，混八项为一项而问记者之是否赞同，一若此八项中，苟赞同其一项者，则其余各项亦均在赞同之列。其设问之意，无非欲将孔子伦理与德国政体并为一谈，又将辜鸿铭所言之孔子伦理与其所言之德国政体并为一谈，且将辜鸿铭之所言与张勋之所言并为一谈，因而使孔子伦理与张勋所言作一联带[①]关系，以为逻辑上

① 今作"连带"。

“凡尊崇孔子伦理者即赞同张勋所言者也”之前提。但记者对于《新青年》记者所设问题，以为过于笼统，不能完全作答。其可答者，则记者固尊崇孔子伦理，且对于辜氏所言，凡业经征引而称许之者，皆表赞同之意者也。

（3）《东方杂志》“功利主义与学术”之文中略谓“欧美民权自由立宪共和之说非功利主义所能赅括，吾国人之为此则属于功利主义”。《新青年》记者乃谓记者“是否反对民权自由？是否反对立宪共和?”夫批评功利主义之民权自由，非反对民权自由；批评功利主义之立宪共和，非反对立宪共和；犹之批评应试做官之读书非反对读书，批评金钱运动之选举非反对选举。《新青年》记者亦可以逻辑之理审察之。

（4）任何名词皆随其所定之界说而异其意义。《新青年》记者将功利主义为广义解释，包括善行于功利主义之中，则《新青年》记者所崇拜之功利主义与《东方》所排斥之功利主义内包外延自不相同，不能笼统混合。至《新青年》记者谓“功之反为罪，利之反为害，《东方》记者倘反对功利主义，岂赞成罪害主义者”？以此种逻辑方法推论事理，则可云“凡反对图利之人即赞成谋害者，凡反对贪功之人即赞成犯罪者”。此推论果好乎否乎？

（5）《功利主义与学术》文中谓“文化重心在高深之学，普及教育不过演绎此高深之学之一部分，为中下等人说法；如无高深之学，则普及教育将以何物为重心”？并无反对教育普及之言，《新青年》记者乃责以反对教育普及，不知用何种逻辑以断定之？又文中谓“教育普及而廉价出版物日众，不特无益学术反足以害之”，下引美人勃拉斯所言之书报及吾国坊肆诲盗诲淫之书以实之，则所谓廉价出版物之有害学术者，自指勃氏所言之书报及坊肆中诲盗诲淫之书而言。《新青年》记者断章取义，责《东方》以“反对普及教育，反对通俗书籍文字，以廉价出版物为有害学术”，试另设较为简明之例，一曰“民国成立而定期出版物日多，言论荒谬，如某日报之鼓吹某事，某杂志之主张某说”云云，则此例中所指为言论荒谬者，自然指某日报某杂志而言。若以此例所言为“反对民国，反对出版物，以定期出版物为荒谬”，果当乎否乎？

（6）《新青年》记者对于《东方杂志》“迷乱之现代人心”文中为种种之质问，谓“中国学术文化以儒家统一以后之汉、魏、唐、宋为盛乎？抑以儒家统一以前之晚周为盛乎？欧洲文艺复兴以后之文明，比之中土，比之欧洲中世，优劣如何”？《东方》原文曾言“进化之规范，由分化与统整互相调剂而成”，有分化而无统整，自不能谓之进步。中国晚周时代及欧洲文艺复兴以后之文明，分化虽盛，而失其统整，遂现混乱矛盾之象。以晚周与汉、魏、唐、宋，以欧洲与中土，比较其文明，以记者之见解言之，殊不能谓其彼善于此。但此种问题，各人各具见解，不易论定。《新青年》记者苟有所见，尽可自抒伟论，无烦下问。至文明之统整思想之统一云云，决非如欧洲黑暗时代之禁遏学术阻碍文化之谓，亦非附和雷同之谓，亦非儒术即学术之谓，亦非不翻译欧洲书不输入欧洲文化之谓。凡此皆《新青年》记者自己推想之误。《东方》原文明言“吾人不宜仅以保守为能事”；又言“西洋学说之输入夙为吾人所欢迎”，又言“尽力输入西洋学说使其融合于吾固有文明之中”；又言“西洋之种种主义主张，骤闻之似有与吾固有文明绝相凿枘者，然会而通之，则其主义主张往往为吾固有文明之一局部扩大而精详之者”。此等论旨，原文中再三申说，《新青年》记者如将原文全阅一过，想亦不至有“人间思想界与留声机器有何区别”及“商务印书馆何以译欧洲书”之疑问。至原文所谓“君道臣节及名教纲常诸大端”，记者确认为我国固有文明之基础。《新青年》记者谓共和政体之下，君道臣节名教纲常作何解，谓之叛逆，谓之谋叛共和民国，谓之谋叛国宪之罪犯。记者以为共和政体决非与固有文明不相容者。民视民听，民贵君轻，伊古以来之政治原理，本以民主主义为基础。政体虽改，而政治原理不变，故以君道臣节名教纲常为基础之固有文明与现时之国体融合而会通之，乃为统整文明之所有事。若谓共和政体之下不许人言固有文明中有君道臣节名教纲常诸大端，则非用焚书坑儒之法，将吾国固有之历史文学政治诸书及曾读其书之人一律焚之坑之不可。盖固有文明中有君道臣节名教纲常诸大端，乃已往之事，实非《新青年》记者所得而取消。已往之事实既不能取消，则不能禁人之记忆之、称述之。苟不用焚坑之法，虽加以谋叛之罪名，亦不能使之箝口而结舌。前清专制官吏动辄以大逆不道谋为不轨之罪名迫压言论，初未有效，《新青年》记者可以不必步其后尘矣。

（7）《新青年》记者谓“《方东》记者之意颇以中国此时无强有力者以强力压倒一切主义主张为憾”，又谓“《东方》记者既以为非己国固有文明不足以救济中国，何以《工艺杂志》序文中复有‘虽周孔复生无所措手之言’”？按《东方》原文明言强有力主义之不能压倒一切，反足酿乱；又《工艺杂志》序中所云“周孔复生无所措手”，乃反面文字，非正面文字。《新青年》记者如将原文及《工艺杂志》序文全阅一过，当不至作此疑问。

（8）《中西文明之评判》，系译日本杂志，文中有“此次战争欧洲文明之权威大生疑念”云云。《新青年》记者乃以“此言非梦呓乎”为问。夫《新青年》记者对于上列云云，加以事理上或文义上诘责，固无不可，若仅以是否梦呓为嘲骂之方法，是村妪反唇相讥之口吻，非言论家之态度也。

（9）德人台里乌司氏谓“欧洲文化不合于伦理之用”，而称许辜鸿铭之主张为正当。《新青年》记者谓“台里乌司氏料必为崇拜君权之怪物”，又谓“《东方》记者处共和政体之下，不宜译录辜言而称许之”。按《东方》译录辜言，并无抵触国体之语。《新青年》记者以辜氏所著《春秋大义》中有尊王之语，乃并其与现时国体不相抵触之语亦谓不宜译录，又以台里乌司氏称许辜氏所主张之伦理乃断定台里乌司氏为崇拜君权之人，遂并台里乌司氏所述辜氏之言亦谓不宜译录：如此罗织，虽专制官僚，亦无此严酷矣。

（10）辜氏著作中曾谓“中国人不洁之癖，为中国人重精神而不注意于物质之一佐证”。《新青年》记者乃问“精神为何等不洁之物”。夫辜氏之言，就文义推之，固谓中国人之不洁由于不注意物质也。其不注意物质，由于注重精神也。义甚明了。若以此二段为前提而下断案，仅能谓中国人之不洁由于注重精神，决不能下“精神为不洁之物”之断案。《新青年》记者明于逻辑，胡为有如是之疑问？

此外问题尚多，记者不暇一一作答，惟《新青年》记者谅之。

出版后记

（一）

《独秀文存》收录了陈独秀1915年9月到1921年8月所写的部分论文、随感和公开发表的通信，约60万字，1922年由上海亚东图书馆出版，分为论文、随感录、通信三卷四册。

陈独秀（1879—1942），安徽怀宁（今安庆市）人，新文化运动的倡导者，“五四”运动的思想指导者，马克思主义的积极传播者，中国共产党重要的创始人和早期重要领导人。陈独秀的一生，与激荡的时代风云相始终，波澜壮阔，起伏跌宕。他的身上，既有职业革命家的豪迈与激情，又有传统知识分子的狷狂和不羁，这样的性格特点，塑造了他一生的悲剧气质，也注定了他一生的浮浮沉沉、不同寻常。王观泉先生说：“陈独秀一生有三大阶段：一、‘五四’运动；二、创导中国共产党并领导工作了七年；三、成为中国托派领袖。《独秀文存》是陈独秀第一阶段的论著粹编。”①“在陈独秀生前足以代表他政治思想、革命智谋和政治见解，以及广泛意义上的文化创见的，仅仅只有这部《独秀文存》。”②

《独秀文存》分为论文、随感录、通信三卷。“论文”部分文字最多，约占全书二分之一强，所收主要是陈独秀发表在《新青年》上的文章，如《青年杂志》（1916年9月1日改称《新青年》）的发刊词《敬告青年》一文，在《独秀文存》中被列为第一篇，这不仅仅因为该文发表时间最早，

①② 王观泉．重印本《独秀文存》序：一个人和一本书的故事[J]．鲁迅研究月刊，2001(2)．

也因它是最能充分体现陈独秀倡导新文化思想的一篇文章。在文章中，陈独秀从进化论的观点出发，热烈地宣告“青年之于社会，犹如新鲜活泼细胞之在人身。新陈代谢，陈腐朽败者无时不在天然淘汰之途，与新鲜活泼者以空间之位置及时间之生命”。他号召青年要认识到自身价值，承担起自身责任，“奋其智能，力排陈腐朽败者以去”。那么，什么是“新鲜活泼”而不是“陈腐朽败”呢？陈独秀提出了六项标准（六义），即“自主的不是奴隶的，进步的不是保守的，进取的不是退隐的，世界的不是锁国的，实利的不是虚文的，科学的不是想象的”。可以说，贯穿于这六项标准之中的，是民主与科学的精神，因此该文也可被视为新文化运动兴起的宣言。除《敬告青年》外，“论文”部分还收录了《文学革命论》《驳康有为〈共和评议〉》《偶像破坏论》《宪法与孔教》《〈每周评论〉发刊词》等一系列重要文章，这些文章充分体现出陈独秀时政论文的风格。他一支健笔，拨动时代风云，论人论事鞭辟入里，文字纵横捭阖，汪洋恣肆。与他直率、激烈的性格一样，他的文章不绕弯子，直来直去，没有丝毫的含混模糊。

“随感录”为针对性很强的杂感，短小精悍，多则百余字，少则数十字。陈独秀可算是“随感”的开创者，1918 年 4 月 15 日，陈独秀的三篇随感发表在《新青年》上。此后，在《新青年》和《每周评论》上，陈独秀发表了大量的随感，《独秀文存》中收录的 160 篇随感即来源于上述两本杂志。陈平原先生认为，“随感录”是一种“兼及政治与文学、痛快淋漓、寸铁杀人的文体”，“不仅仅为作家赢得了一个自由发挥的专栏/文体，更凸显了‘五四’新文化人的一贯追求——政治表述的文学化。”①这些“寸铁”（即子弹）般尖锐有力的杂感直指当时的现实问题，射向军阀、政客、官僚、遗老遗少等，一针见血，痛快淋漓。鲁迅在 1921 年致

① 陈平原．“妙手”如何“著文章”——为《新青年》创刊九十周年而作[J]．同舟共进，2005(5)．

信周作人时，对陈独秀“随感”的风格做了一个评价：“惟独秀随感究竟爽快耳 。”① “爽快”，这可算是对陈独秀“随感”风格最精要传神的概括。

“通信”是《独秀文存》中的重要部分，最能直接反映陈独秀的思想，所收录的信件主要是他主创《新青年》时期读者的来信以及他对这些来信的公开作答。既为公开作答，除了回复读者疑问甚至是问难外，陈独秀更是要借助给读者回信这一机会，表明自己对当时的政治、思想、文化领域各种趋势和问题的看法，用意在于将问题的讨论引向深入。“通信”部分的来信者，有教授、学者，也有青年学生；有陈独秀的思想同道，也有文化保守主义者和他的论敌。针对来信的内容，陈独秀或赞同，或驳斥，或辨析，或反诘，不少回信文字不多，只寥寥数百字，却有泰山压顶之势，迅疾就将对手“打翻在地”。他善于抓住对手的漏洞，以子之矛攻子之盾，回击犀利，直指要害，丝毫不留情面，绝不拖泥带水，笔锋所指，万人披靡。这些当年支撑起《新青年》的“通信”，被陈平原先生称为“神品”②。自然，《独秀文存》中的这些“通信”，是最能体现陈独秀论战文字风格，也最能体现他作为一个文化斗士个性的文字。

陈独秀在《独秀文存·自序》中说过：“我这几十篇文章，不但不是文学的作品，而且没有什么系统的论证，不过直述我的种种直觉罢了；但都是我的直觉，把我自己心里要说的话痛痛快快的说将出来，不曾剿袭人家的说话，也没有无病而呻的说话。”不做无病呻吟，把自己的思想痛痛快快地说出来，正是《独秀文存》展现出的风格和魅力。也正因为“直述直觉”，尽吐胸臆，这些文章才真实可爱，才能时隔近百年后，仍然能让我们触摸到当时时代的脉动，感受到当年字纸上的温度。蔡元培先生在为该书第九版所做的序言中说：“这部《文存》所存的，都是陈君在《新青

---

① 转引自范文静.《独秀文存》的文学史意义研究[D]. 昆明：云南师范大学，2016.

② 陈平原.“妙手”如何“著文章”——为《新青年》创刊九十周年而作[J]. 同舟共进，2005(5).

年》上发表过的文章，大抵取推翻旧习惯、创造新生命的态度，而文章廉悍，足药拖沓、含糊等病；即到今日，仍没有失掉青年模范的资格。”其实又何止是青年，今天的读者，无论少长，再次阅读该书，相信都能从中获益。

（二）

《独秀文存》1922 年 8 月由上海亚东图书馆出版，首印 3 000 部，不及一月即销售一空。同年再版，再印 3 000 册，亦很快告罄。1922—1926 年，该书共印刷了 8 次，累计印数高达 29 000 部。

1932 年，陈独秀在上海公共租界被捕，后被押往南京待审，在与前往狱中探望的亚东图书馆汪原放见面时，陈独秀对当年出版的《独秀文存》仍念念不忘，他说：“我欠亚东的钱实在不少了，心里很难过，你可以把《独秀文存》重印出来，让我快快拿版税把亚东的账结清才好。”于是 1933 年 10 月，亚东图书馆再次印刷了 1 000 册《独秀文存》（第九次印刷）。因销路不错，1934 年 3 月，又第十次印了 4 000 册。第九次和第十次印刷，与之前的八次印刷所用的是同一纸型，因此文字上并无差别。只是从第九次印刷起，为声援身陷囹圄的陈独秀，国民党元老、曾经的北京大学校长蔡元培为《独秀文存》亲自写了序言，这也成为九印、十印与之前版本最大的区别。至此，《独秀文存》总计印刷了十次，三万多部。

中华人民共和国成立后，由于特殊的历史原因，1952 年，亚东图书馆被查封，《独秀文存》也不再刊印。直到 30 多年后的 20 世纪 80 年代，国内才有出版社重新印刷出版《独秀文存》。20 世纪 80 年代后国内出版的《独秀文存》主要有三种：一是安徽人民出版社 1986 年出版的简体横排版。因出版年代距今天已较久远，市面上已经很难见到该版本。二是贵州教育出版社 2005 年 4 月出版的《〈独秀文存〉选》，简体横排。该书为《独秀文存》的选编本，未能反映《独秀文存》的全貌。三是 2013 年 8 月外文出版社出版的《独秀文存》影印版，繁体竖排。该版本以 1933 年上海亚东图书馆第九版为底本影印，保留了原书风貌，但因是繁体竖排，且使用的标点符号也与现行标点符号用法不同，对于现代读者来说，阅读上较为不便。

(三)

鉴于以上情况，首都经济贸易大学出版社决定以 1933 年亚东图书馆《独秀文存》第九版为底本，同时参考其他版本，出版《独秀文存》简体横排版。

我们的版本具有以下一些主要特点：

第一，简体横排，依照现今标点符号用法对原版本重新加以标点，以方便现代读者阅读和相关研究者参考使用。

第二，改变原书分册方式，重新分为四册。《独秀文存》原书分为论文、随感录、通信三卷，其中第二卷“随感录”字数较少，不及 10 万字。原书将三卷分为四册：第一、第二册和第三册一部分为第一卷“论文”部分，第三册后一部分为第二卷“随感录”，第四册为第三卷“通信”。这样分册，虽然使四册的页数大体相当，但将第一卷分到了三册中，与第二卷混排在一册，给读者阅读造成不便。因此，我们此次采取了新的分册方式，即：将第一卷“论文”分成第一册、第二册（称为《论文上》《论文下》）；第二卷“随感录”自成一册，为第三册；第三卷“通信”仍在第四册。这样分册，虽使第三册页码较少，但读者选择不同卷目阅读时更为方便。

第三，为体现原亚东图书馆版本的价值，本次简体横排出版时，基本仅做繁体字简化工作，对原版中的文字绝大多数情况下不做改动。

具体来说，针对不同情况所做的相应处理如下：

1. 对于原书中明显的错字、错误（如缺字，或根据上下文义判断为明显的错误），在正文中加以修改，并在页下注中加以说明。如：原书中“相形见拙”一词，疑有误，依上下文意思改为“相形见绌”；原书中人名有“吴稚辉”，当误，改为“吴稚晖”；原书中“黑越越”一词，当误，改为“黑魆魆”；等等。

2. 对于除人名之外的异体字，按照现代汉语用字规范要求，直接在正文中加以修改，不再注释说明。对于人名中出现的异体字，则保留原字，如“常乃悳”。

3. 原书中某些字、词的用法或意思与今天有较明显不同，为避免读者理解上产生疑义，正文中不做修改，以页下注的方式加以说明。如，“削灭”、“植产”、“唱道”（同今“倡导”义）、“销沉”、“刺戟”、“妨止”、“炭素”、“取销”、“辨驳”、“根深底固”、“骈丽”、“公同”、“联续”、“真象”，等等。

4. 对于原书中其他一些字词的用法，我们主要以《现代汉语词典》（第七版）（以下简称《现汉》）为依据，同时参考《辞海》《古代汉语词典》等辞书，区别情况后加以不同的处理。

第一种情况，诸如原书中的“想像”一类词，按照《现汉》，推荐用词为“想象”，在“想象”词条解释后附有说明：“也作想像。”对于此种情况，考虑到原书用词在《现汉》中仍有收录，且不影响现代读者理解和阅读，我们对原书用字、用词不做修改，也不再在页下注释说明。原书中涉及此类情况的字词有：“想像”“惟一”“展转”“摹仿”“骨董”“无需”“著手”“左证”“详实”“那末”“澈底”“颁白”“人材”“飘渺”“传钞”“牵就”“原由”“磨练”“孳生”“身分”“屈伏”，以及“卒”（同“猝”）、“甚”（同“什”）、“希”（同“稀”）、薰（同“熏”）；等等。

第二种情况，原书中一些字词，《现汉》中明确标注为“旧同”“古同”“书同”等情况，我们不做改动，在页下注中加以说明。比如，当时用法中“那”“哪”是可以通用的，对于原书中“那”表示今天“哪”这个意思时，《现汉》中的说明为“旧同哪”。因此，我们在正文中保留原版文字，以页下注形式加以说明。涉及此类情况的字有：“那”（旧同“哪”）、狠（旧同“很”）、大（旧同“太”）、钞（旧同“抄”）、“畔”（古同“叛”）、“罢”（古同“疲”）、“叙”（书同“序”）、“谭”（书同“谈”），等等。

第三种情况，对于原书中“他”字既指代男性，也指代女性和其他事物的情况，《现汉》中有明确说明，为此，我们对原书中“他”字的用法不做修改，仅在页下注中加以说明。

5. 对于译名，除对极个别人名、地名当时与现今译法不同的情况做了改动并说明外，均保留原书中的译名，不做修改和说明。

6. 对于原书中所引古代典籍的文字，与今通行本不同的，不在正文中加以改动的，以页下注的形式加以说明；凡在正文中依今通行本做了调整的，均以页下注说明改动的情况。

总之，我们希望通过这样的方式，既最大限度地保持原版文字的原汁原味和版本价值，也尽最大努力避免歧义，给当今读者的阅读提供方便。

《独秀文字》洋洋六十余万言，从第一篇文章《敬告青年》（写于1915年9月）算起，到所收录的最后一篇文章《答蔡和森（马克思学说与中国无产阶级）》（写于1921年8月），前后共七年，跨越了新文化运动勃兴和五四运动的整个时期。七年中，陈独秀面对不同的社会问题，发表不同的议论，同时，他的思想也随着时代的变迁和发展日臻成熟。《独秀文存》的出版者、亚东图书馆的汪原放在后来的回忆中说：“《文存》里的文章，多数是关于民主与科学的，但后来已经有一些倾向于社会主义的了。”此话颇有见地。《独秀文存》反映的，正是陈独秀从激进的民主主义者演变为马克思主义者的过程。《独秀文存》所记录下的，不仅仅是陈独秀在这一时期的思想变化和心路历程，更主要反映了中国共产党成立前的思想准备过程，因而具有非常重大的思想和理论研究价值。希望通过我们这次对《独秀文存》的整理出版，为国内外陈独秀研究工作提供有价值的参考文献，对推动陈独秀研究工作的进一步深入有所帮助，有所裨益。

出版者
2017 年 11 月